캐나다 다문화주의 이해하기

캐나다 다문화주의 이해하기

문화정책과 프로그램을 중심으로

최혜자 지음

서현사

서 문

지역 문화 현장에서 프로그램을 기획하고 운영하는 데에 행복을 느끼던 내게 정책과 행정은 알 수 없는 영역이었다. 그 알 수 없는 영역을 알기 위해 정책과 행정 영역에 발을 디뎠을 때, 나에게는 어울리지도 않게 '연구자'라는 새로운 타이틀이 생겼다. 그래도 나의 관심 분야는 언제나 지역, 마을, 문화를 통한 삶의 변화, 그리고 그것의 동력이 되는 작은 문화 공간이었다. 그런 연유로 문화, 예술, 교육은 아주 자연스러운 관심 영역이 되었다. 다문화와 관련된 연구도 그런 배경으로 인해 관심 영역에 들어온 주제였다. 그러나 다문화와 관련된 나의 작업은 아주 지루하고 형편없는 것이었다. 인종과 혈통에 집중한 다문화로의 접근은 포섭과 동화라는 답에 맞추는 과정이었으며, 인종과 혈통이 아니더라도 '다름'을 이해하는 경험이 부족한 우리 사회에서 또 다른 접근을 주장하는 것도 쉽지 않은 일이었다.

줄곧 나에게 질문을 해야 했다. 우리 사회가 하나는 아니더라도 삶을 공유하기에 적합할 정도의 동일한 문화를 가진 사회인가? 다시 말해 정치적 신념, 계층, 세대, 성, 장애 등에 기초한 소수 문화들이 과연 하나의 문화 틀 속에서 대체로 순환하고 있는가?

같은 질문을 다르게도 해보았다. 우리 사회가 동남아시아에서 온 결혼 이주 여성이나 이주노동자를 타인으로 삼을 만큼 문화적 동질 집단인가? 혈통적 혼종이 일어나고 문화적인 경계는 보다 희미해졌는데, 편협한 민족 이데올로기가 여전히 유효한지도 매우 의문스러운 일이다. 만일 정치적 성향이 극단적으로 다른 이웃과 그저 순박한 이주민 이웃이 있다면, 어떤 기준이 낯섦과 편안함을 가르는 '덜' 다름과 '더' 다름일까? 그 애매한 기준으로 이웃과 사회를 재단하는 위험이 과연 개인의 사회적 활동이나 사회 공동체 통합에 도움이 될 것인가? 사실 내적 다름과 외적 다름이 존재하는 가운데 무엇이 '동일'의 기준이고 무엇이 '다름'의 기준이 되는지 답을 내리기가 쉽지 않다.

통일을 생각하면 질문은 한층 복잡해진다. 통일을 소원하는 '우리' 속에서 '우리'는 결코 하나가 아닐 뿐 아니라, 상호 믿을 수 없고 믿어서도 안 되는 존재로 자리 매겨져 있곤 하다. 우리는 '하나'라고 하지만 이미 '하나'가 아니라는 것을 알고 있고, 여전히 '하나'를 주장하다가 '하나'가 아니라는 것이 드러나게 되면 차라리 영원한 분단이 나을 수 있다는 결론을 만나게 될 수도 있다. 우리 사회 내부의 다름을 굳이 같다고 우기면서, 우리 사회에 영향력이 미세한 다른 인종에 대해 다문화정책을 준비하는 것은 우리 사회가 가진 동일함에 대한 콤플렉스가 아닌지 의심스럽기조차 하다. 오로지 인종과 혈통으로 접근하는 '다문화'는 우리 사회에 존재하는 '다름'의 문제를 해결하는 데 도움이 되지 않을 뿐 아니라, 사회적 문제를 자꾸 이주민에게 돌리게 되는 결과를 낳게 되지 않을까?

질문은 점점 더해갔다. 사회 변화와 갱신의 원동력이 되는 '다름'을 위험스럽지 않게 유지하는 것이 개인의 성장과 공동체 발전에 이로운 일종의 활력 관리 아닌가? 자연도 종의 다양성이 확보되지 않으면 생태계 자체가 멸종하는데, 활력과 호기심, 반전이 없는 동일화 작업은 누구를 위한 것인지 의문을 제기하지 않을 수 없었다.

그러나 인종과 혈통의 문제든, 우리 사회의 다름의 문제든, '다름'을 이해하며 받아들이는 소위 '부처님 가운데토막 같은' 접근이 지금 우리 사회의 인식 수준에서 가능할 것인가의 문제가 있다. 도저히 받아들이기 어렵다면, 최소한 받아들이기 어려운 부분을 학습하거나 다른 채로 거리를 유지하는 '인정'의 태도를 가질 수 있는가의 문제이다. 그렇지 않아도 준비가 덜 된 '다문화'라는 담론에 문화적 다양성의 문제를 제기하는 것은 다문화와 관련된 담론 형성의 전선을 무한 확대하고, 마침내 초점을 와해시키는 의미일 수 있기 때문이다.

아동 인권, 여성 인권, 장애인 인권, 노인 인권, 성소수자 권리, 정치적 이견에 대한 수용, 종교적 편견과 적대행위, 이념 갈등 등이 모두 다양성과 관련된 문제이기 때문이다.

또한 다양한 차이의 문제가 제 아무리 심각해도 우리사회는 여전히 빈부 차이, 그리고 이로부터 작동하는 차별의 문제가 여전히 심각한 것이 사실이다. 그럼에도 우리나라의 다문화정책은 빈부 차이의 심각성은 차치하고 차이가 차별화되는 보편적 갈등을 돌아 '동화'를 기대하는 선의적 노력으로 구성되고 있다. 유럽의 여러 나라가 이러한 접근 방식의 정책 실패를 줄줄이 실토하고 있지만, 우리사회는 그것을 마치 다문화주의 자체가 의미 없다는 것으로 해석하기도 한다. 다문화적 현상이 해소되지 않았는데 다문화정책이 없어졌다고 해석하는 것은 하나의 이념과 정책을 그 사회의 코드로 읽고 있지 않다는 증거이기도 하다.

우리나라의 다문화정책이 결혼 이주 여성에 집중하게 되자, 다문화정책은 포기되고 마침내 동화정책이 깃발을 들었다. 그러나 프랑스나 영국, 독일 등에서 주류 사회의 '하위 계층'으로 동화되기를 바라는 이러한 정책이 이미 실패한 상황에서 우리나라에서는 성공할 수 있을까 하는 질문을 다시 제기하지 않을 수 없다. 불행하게도 이러한 정책은 장기적으로 수용되기 어렵다는 사실이 프랑스나 호주의 이민 2, 3세대의 소요 사태에서 명백히 증명되고 있다.

이런 문제의식을 가지고 있던 내가 캐나다의 브리티시 콜롬비아 주립대학(UBC)에 방문 학자로 가게 된 것은 하나의 기회였다. 다문화주의를 성공적으로 수행하고 있는 나라라는 점에서 캐나다가 매력적이었지만, 캐나다 다문화주의가 가진 내용은 더욱 매력적이었다. 캐나다의 다문화주의는 자국 노동력의 부족으로 이주노동을 받아들인 유럽 여러 나라와 다르며, 같은 이민국가라도 주류 문화가 확고하게 서 있는 가운데 다양한 인종을 받아들인 미국이나 호주와도 다르다. 캐나다는 캐나다를 형성하고 있던 하나의 공동체 안에 존재하는 다름으로 인해 국가 발전이 불가능해지고 국가가 두 동강 나게 되었을 때, 비로소 함께 살아가는 방법으로 사회 전체가 다문화주의를 받아들였다. 그래서 캐나다의 다문화주의는 사회 내적 갈등을 포괄하고 있으며, 보편 인권과 다양한 집단적 차이를 수용하는 코드를 내장하고 있다. 전 세계에서 캐나다 행을 결정한 보다 다양한 이주민의 유입으로 인한 다양성 증대는 정책 개시 이후의 상황이었으므로 캐나다 다문화주의 탐구는 그 이전의 내적 동력을 파악할 때 이해될 수 있다.

캐나다에서 언어와 문화 적응, 관찰의 기간을 보내고 2년차가 되던 해에 비로소 나는 그러한 문제에 접근하는 게 가능해졌다. UBC 도서관의 격조 있는 울타리를 벗어나 한 사람의 이주민으로서 여러 기관에 참여하고, 정부 서비스의 혜택을 직접 받으며 커뮤니티 구성원으로서 활동하기 시작한 것이다. 그리고 밴쿠버 시내 슬럼가의 커뮤니티 센터인 카네기 커뮤니티 센터에서의 자원봉사, 초등학교의 예술교육 보조 강사 활동, 지역 축제 지원 활동 등을 하였다. 이러한 과정은 캐나다 사회에서 다문화가 어떻게 자리매김 되고 있으며, 캐나다 사람들에게 '다름'이 어떻게 수용되는가에 대해 체험하는 시간이었다.

캐나다 사회에서 이민 1세대, 1.5세대, 2세대, 3세대, 4세대를 만나고, 학자는 물론, 게이, 레즈비언, 홈리스, 인종 차별주의자, 공산주의자, 원주민, 공무원, 자원봉사자, 시민운동가 등 수많은 사람들을 만나면서 다양성이 공존하는 동시에 새롭게 통합되는 방식에 대해 경이를 느끼지 않을 수가 없었다. 흥미로운 것은 캐나다인들이 모두 다문화주의를 수용하는 것은 아니라는 점이다. 비록 일부이지만 캐나다인 중에는 공식적으로는 '다름'을 인정하지만, '다름'을 가까이 하지 않는 방식을 학습함으로써 그 '다름'을 관리하는 이들이 있었다.

한 달 반에 걸친 캐나다 횡단 여행은 캐나다 사회를 이해하는 데 많은 도움이 되었다. 밴쿠버, 토론토 그리고 몬트리올을 살펴보며 캐나다 사회가 가진 약점이 오히려 다문화주의를 성공적으로 정착시킨 동력이었다는 것을 느낄 수가 있었다. 캐나다 사람들이 사회적 합의의 가치를 매우 존중하며, 자신들의 아픈 역사에 대해 객관적으로 보고자 노력한다는 것을 알게 되었을 때 정서적 차이도 읽을 수 있었다.

이 책은 그런 과정의 기록들이며, 일정 부분은 문화부에서 수행한 「사회통합 해외사례 보고서」 중 캐나다 부분의 원고에 기초하고 있다. 보고서는 여러 나라의 사례 중 하나로 캐나다 사례를 다루었기 때문에 캐나다에 대한 내용을 보다 자세하고 쓰기도 어려웠고, 보고서의 목적에 맞게 정리해야만 했다. 그러나 단행본으로 출판되는 이 책은 캐나다 다문화주의의 내용을 보다 자세하게 다루고 있다. 이 책에 나오는 많은 내용은 캐나다의 UBC, 커뮤니티 센터, 네이버후드 하우스, 도서관, 시위 현장, 시장, 초중고 학교, 어학 학원 등에서 겪은 일을 토대로 학문적·정책적 소스를 찾은 것들이다.

캐나다에서 가장 중요하게 읽어야 하는 대목은 다문화주의에 대한 요구가 경제적·외부적으로 주어진 것이 아니라 사회 내적으로 제기되었다는 것이다. 400년 가까운 영국과 프랑스계 간의 갈등과 반목이 최고조에 달했을 때 그들이 찾은 해법이 다문화주의였다. 그리고 내부적인 관용을 사회제도화하면서 계층과 집단이 가진 문제 해결의 실마리를 찾았다는 것이다. 다시 말해서 캐나다의 다문화주의는 캐나다 사회 내 인종적·혈통적으로 다른 두 개의 집단인 영국계와 프랑스계가 함께 살아가는 방법으로 채택되었으며, 보다 증대되는 현대의 다양성을 포함하는 방식으로 설계되었다는 점이다. 물론 캐나다의 다문화주의는 완성형이 아니라 진행형으로 지속적인 문제 발굴과 해결에 힘쓰고 있다는 점에도 주목할 필요가 있다. 내부적 '다름'의 격차가 날로 커지는 우리 사회 특히, 남북 간의 증오와 반목에도 불구하고 통일 국가를 지향해야 하는 한국 사회에서 일정하게 연구할 가치가 있는 사례임이 분명하다.

당연한 말이지만 캐나다의 다문화주의는 캐나다적인 환경에 기초하고 있다. 광활한 영토와 풍부한 자원 그리고 민주주의 전통 등 캐나다적인 특성이 존재한다. 또한 캐나다의 다문화주의는 한계도 가지고 있다. 사회 비주류 집단의 성장으로 인해 양보된 것이지만, 다문화주의는 여전히 지배계급의 통치 전략이라는 측면에서 제기되었고, 프랑스계 이주민 집단과의 타협에 의한 정책이기 때문에 영불권

문화가 기초되어 있다는 점 또한 그러하다. 아울러 캐나다 사회가 사회경제적 격차가 크지 않은 나라라고 하지만, 영어 구사 능력 없이 문화적 유산을 유지하려는 것은 결국 영원한 하층민으로서의 삶을 의미한다는 점 역시 캐나다 다문화주의가 완벽하게 공평하지 않다는 것을 잘 보여준다.

이러한 한계에도 불구하고 캐나다 다문화주의의 사례는 갈등의 골이 깊은 우리 사회에 많은 시사점을 주고 있다. 사회 내적으로나 남북한의 관계, 그리고 이주민이 일정하게 필요한 구조에서 '다름'을 어떻게 관리할 것인가는 이미 중요한 문제가 되었기 때문이다. 우리 사회에서 '다름'은 대화와 이해의 대상인 적이 없었다. 제압과 비난의 대상이 되는 것이 우리 사회의 현주소이다. 과거에는 전쟁과 폭력이 난무했다면 오늘날에는 왕따와 온라인상의 언어폭력이 보태어졌다. 동남아에서 온 이주민을 바라보고 있는 소위 '우리'조차도 서로 다르다는 것을 인정해야만 사회적 갈등을 해결하는 방법이나 통일을 위해 노력하는 방법이 달라질 수 있다. 그런 의미에서 캐나다 사회를 종적 횡적으로 살펴보고, 다문화주의를 선도한 정책을 자세히 들여다보는 것은 우리에게 맞는 다문화주의를 연구하는 데 도움이 될 것이라고 확신한다.

감사의 말씀

수많은 친구들은 모두 나의 인터뷰 대상이자 토론 파트너였습니다. 이 일은 캐나다 행을 권유하고, 살붙이를 대하듯 한결같은 애정으로 캐나다 생활을 도와준 UBC의 김효신 박사님을 만나면서부터 시작되었지요. 박사님과 러스 킹(Ross King) 교수님 부부, 옵션스(Options)의 전찬영 선생님과 가족(강영석 선생님, 강정민, 강정연), UBC의 마그 토론척(Marg Toronchuk)과 남편 피터 시몬슨(Peter Simmons), 팻 마셜(Pat Marshall)에게 감사함을 전합니다.

이탈리아계 친구 토니와 프랑카 부부(Tonny & Franka Burno), 밴쿠버 커뮤니티 칼리지(VCC)의 루스(Ruth)와 로리(Lorry), 토론 상대가 되어 준 듬직한 조카 경민, 메지드(Majid), 에디(Eddy), 하니(Honny), 콜린(Collin). 리틀 마운틴 네이버후드 하우스(Little Moutain Neighbourh－ood House)의 에린 캐스로(Erin Cathro), 마리아 발렌주에라(Maria Valenzuela), 제니퍼 워즈맨(Jennifer Wesman). 밴쿠버 교육청의 진 엔겐(Jin Engen)선생님, 영어 선생님에서 친구가 되어 준 펀 오브라이언(Fern O'braian), 밴쿠버 공무원이며 한국 문화를 사랑해서 한국어를 배우기 위해 한국 방문을 계획 중인 탄야 던(Tanya Dunne), UBC에와 계시면서 함께 캐나다를 탐구하던 이명신 교수님, 이연희님, 고복진님, UBC에 박사과정 중인 이선옥, 손봉기 선생님에게도 감사함을 전합니다. 몬트리올의 삐에르 빠레헹(Pierre Pellerin) 판사님은 잊지 못할 분입니다.

책을 내라고 권유하신 정정숙 박사님, 출판해 주신 조재성 사장님께도 감사를 전하며, 무엇보다도 끊임없이 무리하는 저를 끈질기게 지지해준 남편과 그것을 자랑스럽게 생각하는 딸, 세영, 세윤에게 고맙다는 말을 전합니다.

2013. 7.

최혜자

차 례

제3부 캐나다의 다문화정책 및 문화사업

제4부 캐나다 다문화주의의 교훈

제1부

왜 다문화인가?

1. 인류의 역사와 다문화

인류와 함께 시작한 다문화의 역사

인류의 기원이라고 알려진 땅 에티오피아를 떠난 인류가 보다 나은 생존의 터전을 찾아 지구 곳곳으로 퍼진 20만 년 전 이래, 인류는 자연환경에 적응하는 체형을 획득하며 성공적인 생존 투쟁을 하였다. 생존에 성공한 인류는 마을을 만들고 도시를 만들었으며, 스스로를 규정하는 집단의 문화 속에 생존 이상의 관계와 가치, 이상을 공유하여 왔다. 그러나 생존을 위한 이동 이후에도 인류의 이동은 계속되었는데 이는 바로 이(異)민족, 이(異)교도, 이(異)문화를 만나는 과정이었다(나얀 찬다, 2007: 26~53).

인류의 이동은 생존만을 위한 것이 아니었다. 인류의 이동은 역사적으로 정복 전쟁, 무역, 선교 활동, 탐험을 통해 이루어졌으며, 마침내 20세기 이래 전 지구는 하나의 무대, 즉 세계화를 완성하게 되었다. 이러한 혼종과 교류 혹은 공유의 과정은 평화로운 방법만으로 이루어진 것이 아니었다. 정복 전쟁은 다른 인종이나 문화 혹은 이교도에 대한 도륙과 약탈을 의미하기도 했고, 무역은 단순히 물품 교환에서부터 노예무역에 이르기까지 다양한 욕망을 담기도 하였다.

선교 활동이나 탐험 역시 종교적 가치나 미지에 대한 도전을 실현하는 과정인 동시에, 정복과 약탈 혹은 파괴의 신호탄 같은 역할을 하기도 하였다.

인류의 이동은 실크로드나 차마고도 또는 몽골 초원 같은 육로를 통해 이루어지기도 하고, 지중해, 인도양 몬순 항로, 아프리카 남단 항로, 대서양 항로에 이르기까지 다양한 항로를 거치기도 하였다. 오늘날에는 비행기를 통한 이동이 가속화 되었을 뿐 아니라, 인터넷을 통해 시공간의 제약없이 수많은 정보에 접속하고 있다. 그 결과 인종의 혼종과 문화의 교류, 정보 공유는 물론 오늘의 상상이 다음날의 과거가 되어 버리는 엄청난 다문화적 소통의 시대를 맞이하게 되었다.

과거의 혼종과 교류, 공유, 소통의 결과는 오늘날 인류 역사의 자산이다. 이것은 인류의 각 발전 단계와 역사적 배경을 가지고 펼쳐진 시대적 산물이었으며, 오늘날의 다문화주의와는 다르더라도, 특정 시기나 특정 지역에 따라서는 다문화적 요소를 극명하게 보여주기도 한다.

고대사회에서 다문화의 의미

현상으로서의 다문화와 가치로서의 다문화주의는 명백한 차이를 가진다. 수많은 전쟁과 노예무역의 결과로 인해 문화적으로 다양해진 것은 분명 다문화적인 현상이지만, 다문화주의의 가치를 담고 있지는 않다. 그러나 다양한 문화, 즉 인종, 신념, 계층, 나이, 성, 장애를 포함하는 문화적 차이를 사회 안에서 수용하려는 것은 다문화주의를 사회적 가치로 받아들인 것을 의미한다. 따라서 고대사회, 즉 신분이나 인종 혹은 종교적인 억압이 사회 내에서 당연시 되던 특정 사회 혹은 특정 시대가 문화적으로 다양한 요소를 가지고 있다고 해서 다문화주의는 아닌 것이다.

근대사회가 탄생하기 이전의 다문화적 현상은 다문화주의가 가진 인간으로서의 존엄을 전제하고 있지 않다. 보편적 인간의 권리와 존엄에 대한 인식은 근대의 산물이기 때문에 고대사회에서 보여주는 다문화적 양태는 하나의 현상에 불과하다. 그럼에도 동일한 시대에 존재했던 다른 사회에서는 생각하기 어려울 정도의 놀라운 인종적·문화적 수용성은 매우 흥미로운 일이 아닐 수 없다.

고대사회에서 다문화적 현상이 두드러졌던 로마제국의 로마와 당나라의 장안은 동서양에서 가장 대표적인 사례가 될 것이다. 고대사회는 노예노동을 기초로 한 엄격한 신분제 사회로서 여성이나 어린이는 남성 가장에 속하는 존재였다. 고대 로마 역시 오로지 성인 남성에게만 로마 시민으로서의 권리가 주어졌다. 그러나 로마는 여느 고대사회와는 달리 로마에 속국이 된 지역민에게도 준(準)시민권에 해당하는 권리를 주었으며, 이를 통해 로마인과 통상, 통혼이 가능하게 되었다. 이후 이러한 권리는 제국령 하의 일정 신분 이상의 남성에게 확대되었는데, 고대사회의 인식과 관례에 비추어볼 때 매우 파격적인 다문화적 조치였다. 이러한 정책 덕분에 유대인인 바울이 선교 활동을 할 당시 로마 시민권을 가지고 일정하게 난압을 피하는 것이 가능했던 것이다.

당나라 역시 마찬가지였다. 고대사회의 인식과 전통을 가진 당나라였지만, 자국과 우호적 관계를 맺고 있는 다른 나라 사람들에게도 당나라에서의 공적 활동을 보장해 주었다. 또한 자국에 공을 세운 사람들에게 관직을 주는 등 개방적인 정책을 펼침으로써 중앙아시아에서 신라에 이르기까지 고대 신분 질서에 묶여 있던 다른 나라 젊은이들에게 일종의 기회를 제공하기도 하였다.

신라의 최치원이 좋은 예가 될 수 있다. 6두품이던 최치원의 집안은 신라의 17관등 가운데 6등위에 해당하는 아찬 이상의 벼슬을 할 수 없는 신분적 한계가 있었다. 때문에 최치원이 12세 되던 해 그의 아버지가 어린 아들을 당나라로 유학 보내며 10년 안에 과거에 급제하지 못하면 부자의 연을 지속할 수 없다는 혹독한 경고를 하였다는 기록이 있다. 6년 후 18세의 나이에 당나라의 빈공과에 급제한 최치원은 신라 사회에서는 불가능했던 입신양명의 기회를 얻게 되었고, 가문을 억압하던 신분의 제약으로부터 벗어날 수 있었다.

당시 당나라에서 외국인을 대상으로 시행되던 빈공과(賓貢科)는 빈공이라고 불리는 외국인 유학생들에게 제공되던 과거 시험으로, 과거제도도 없이 오직 골품에 의해 정치적·사회적 한계에 부딪쳤던 신라의 육두품 출신들이 많이 응시하였다. 820~906년 사이에 당나라의 빈공과에 급제한 신라인이 58인이며, 최치원이 유학을 간 바로 전 해인 837년 한 해 동안 당나라에 건너간 신라 유학생이 216명에 이를 정도였다(한국사사전편찬회, 1995: 152~153). 이러한 조치는 당대에서 시작되어 명대까지 지속되었는데, 고대사회로서는 파격적인 다문화적 수용 조치였지만, 고대사회의 노예제도나 신분제도 혹은 여성 배제 자체를 뒤흔들 만큼 강력한 것은 결코 아니었다.

근대사회 다문화의 시선

근대사회는 신분제도와 종교에서 벗어나는 과정이었으며, 이성에 기초한 인간의 권리와 존엄에 대한 인식이 확대되던 시기였다. 물론 동양의 역사적 경험은 서양 세계와 다르게 진행되었지만, 상업의 발달과 기술혁신에 의한 서양 사회의 변화는 수세기에 걸쳐 이루어졌다. 근대사회는 법과 관료제도로 대표되는 민족 기반의 근대국가라는 틀을 한 축으로 하고, 산업화와 도시화를 이룬 자본주의의 진전을 다른 축으로 하여 성장하였다. 따라서 근대의 역사에서 인종과 민족은 매우 중요한 인간 집단의 단위가 되었으며, 이 단위를 기준으로 한 침략과 자원의 약탈 그리고 식민 지배와 전쟁으로 점철된 역사는 인간 이성의 양면성을 보여주기도 하였다.

그리스, 로마 철학이 보여준 인간 본연의 자유정신에 기초하여, 신의 영역으로부터 해방된 자유로운 이성은 서양 중세의 벽을 깬 혁명적인 정신이었지만 한편으로는 이성적이지 못한 타자를 구하거나 가르치는 계몽의 정신이었다. 타자(他者)는 서양 사회 내에서는 하층계급이나 여성, 아동, 부랑인을 가리키고, 외부 세계에서는 동양, 아프리카, 신대륙 전체를 의미했다. 이들은 가르침과 관리 속에 변화되어야 하는 존재인 동시에, 권력과 자본주의적 잉여 창출 구조 속에서는 통치와 수탈의 대상이 되기 마련이다. 근대 서양 사회의 계급적 관점에서 부차적으로 취급되었던 하층 계급, 예컨대 부랑인들이 어떻게 관리되고 통제되었는가를 보여준 미셸 푸코(Michael Foucault)의 연구 속에 나오는 권력은 바로 인간 사유의 높은 가치를 추구하는 근대 이성이었던 것이다.

또한 외부 세계에 대한 식민지 침략 과정은 식민주의 이론으로 무장하여 '침략은 정당한 문명화 작업이고, 약탈은 정당한 근대화 작업'(박종성, 2006: 4)이라는 논리를 가지고 있었다. 그러나 근대사회는 고대사회와 달리 식민주의 이론에 대응할 수 있는 인식의 성장이 있었던 시기로, 식민지 국가 스스로 인종이나 민족의 정체성을 찾는 담론 등을 생산해내기에 이른다. 한 가지 아이러니한 것은 식민 모국이 효과적인 식민 지배를 위해 연구한 인류학, 지리학, 도서관학, 생물학, 동물학, 언어학 등의 성과가 도리어 식민주의의 이론적 허구를 밝히는 탈식민주의 이론의 과학적 근거가 되었다는 점이다. 이러한 탈식민주의 이론은 식민주의가 가진 문화적 코드를 정교하게 분석하는 과정을 통해 문화와 권력, 근대의 폭력성을 성찰하는 계기가 되었다.

근대사회의 다문화 현상은 19세기 파리나 카사블랑카, 20세기 초 런던이나 홍콩에서 보다 확대되었다. 그러나 이러한 현상은 다문화주의의 기초 가치인 문화적 공존과는 거리가 먼 문화 지배의 결과라고 볼 수 있다. 도리어 이 시대에는 문화 간 서열이 존재하였고, 지배 문화로의 종속과 편입이 빠르게 진행되었으며, 식민지 문화는 저항을 통해 문화적 정체성을 지키고자 고투해야 했다. 물론 프란츠

파농(Frantz Fanon)이나 호미 바바(Homi Bhabha)는 이러한 현상조차 실제적인 문화 교류의 과정이었으며, 지배 문화와 피지배 문화가 상호 배우는 과정이라고 분석하였지만 문화 간 공존의 가치가 존재한 것은 아니다.

2. 다문화주의를 이야기하는 시대

제1, 2차 세계대전으로 근대 이성에 가두어진 권력의 잔혹성이 여실히 드러나자 근대성에 대한 강한 의혹이 제기되었다. 이러한 회의는 급격히 근대성을 퇴조시켰으며, 근대 이성의 또 다른 형태인 공산주의의 몰락 역시 새로운 패러다임의 시작을 의미하였다. 1945년 이후 약 30년간은 근대성의 몰락 과정인 동시에 새로운 패러다임이 드러나는 과정이었다. 새로운 패러다임은 주로 서구 사회를 중심으로 발전되었지만, 마침내 전 세계에 확산되었다. 이 과정은 크게 다섯 가지의 변화 혹은 성과에 기초하고 있다.

탈근대 담론의 탄생

근대성에 대한 비판과 담론 생산이 다양한 접근 방식으로 이루어졌다. 가장 큰 주류를 형성한 논점은 근대 자본주의의 탐욕과 파시즘의 잔혹성, 그리고 이것의 대응 담론이라고 믿었던 현실 공산주의의 허구에 대한 비판이었다. 이 논점에서 주된 핵심은 인간의 이성에 기초한 근대정신이 가진 놀라운 '야만성'이었다. 근대 엘리트 권력의 사유 방식과 통치 방식에 문제를 제기한 테오도르 아도르노

(Theodor Adorno), 막스 호르크하이머(Marx Hokheimer), 에리히 프롬(Erich Fromm), 미셸 푸코, 자크 데리다(Jacques Derrida) 등은 근대를 성찰하는 사고의 기본을 제공하였다. 반면 다른 각도의 견해도 있었는데, 근대사회가 가진 야만성은 근대정신이 충실하지 않기 때문이라는 논점이었다. 근대사회는 전근대사회에 비해 여전히 건강하다고 주장한 위르겐 하버마스(Jürgen Habermas) 등은 근대의 진정한 가치를 완성하는 길은 토론에 기초한 시민사회의 성장과 활성화된 공론이라고 역설하였다. 이와는 달리 찰스 테일러(Charles Taylor)는 단일 가치 중심의 근대 자유주의를 비판하면서 다른 가치를 인정하는 방식, 다른 식의 표현을 빌리자면, 내 안의 타자를 받아들이는 방식으로서의 문화적 차이를 서로 인정하는 다문화주의적 사회 방향을 제시하였다(정치학대사전편찬위원회, 2002: 372~373).

이렇듯 근대정신에 대한 저항이든 도구화된 근대정신의 재정립이든 근대성에 대응하는 가치생산은 바로 근대에 대한 성찰이며, 새로운 패러다임의 시작을 의미하는 것이다.

과학기술의 발달과 노동인력의 필요

제2차 세계대전 이후 전쟁 복구와 세계 자본주의의 재편은 유럽 중심의 경제가 미국으로 이동되는 과정이었으며, 구 식민지에 대한 경제적 영향권이 재편되는 과정이었다. 이러한 과정은 20세기 초중반 과학기술의 발전과 맞물리면서 이전 시대의 경제 성장과는 질적으로 다른 변화를 일으켰다. 1950년대 이후 북미와 유럽 전 지역은 물론, 오세아니아와 일본 등 선진 국가는 고도 경제 성장에 힘입어 자동차, 전화, TV, 냉장고, 세탁기 등이 보급되면서 급격한 삶의 질 변화를 체험하게 된 것이다.

그러나 이러한 경제성장의 풍요를 눈앞에 둔 이 나라들은 심각한 노동력의 부족을 겪어야 했다. 결국 구 식민지로부터의 노동력 유입이 절대적으로 필요해졌고, 광범위한 노동력 수입은 노동시장 구조를 변화시키면서 사회적 변화를 요구하는 잠재적 하위 계층을 형성하게 되었다. 과학기술의 발달과 경제 성장, 그리고 서구 사회 노동시장 구조의 변화는 서구 사회를 더 이상 이전의 가치와 통치 방식으로 움직이기 어려운 조건에 접어들게 한 것은 물론, 사회를 다양화하고 다원화하는 토대를 만들었다.

보편 인권의 확산

20세기 후반은 전 세계적으로 민주화가 확산되어 개인에 대한 발견, 인권에 대한 인식이 현격히 고양된 시기였다. 기존 가치에 대한 저항은 전 지구적인 현상이었다. 유럽 전 대륙에 확산된 68혁명, 미국의 베트남전 반대운동, 일본의 학생운동, 우리나라의 4·19 혁명 등은 각 사회의 과제와 이슈에 따라 다양한 양상을 보였다. 뿐만 아니라 동구권의 저항운동과 체코슬로바키아의 프라하의 봄을 필두로 한 억압에 대한 저항 등도 크게 이러한 범주에 속하는 것으로 기존의 가치 혹은 그 사회의 절대가치에 대한 저항이 광범위하게 진행된 것이다.

다양한 계층과 집단의 소리가 마침내 사회적·정치적 이슈를 만들기 시작한 것도 이 시기였다. 프랑스와 미국을 중심으로 한 여성 인권운동은 괄목할 만한 성과를 보이며 여성 인권에 대한 진보적 변화를 이끌어냄으로써 여성의 정치 참여와 사회 참여의 기회를 확대하는 계기가 되었다. 미국의 흑인 인권운동은 미국의 흑인뿐 아니라, 식민지로부터 식민 모국으로 이주한 모든 인종이 직면한 문제를 전 지구적으로 제기하는 계기였다. 장애인, 아동, 노인의 인권은 물론 신대륙의 원주민과 성소수자 등에 대한 인식 변화는 이들이 자신들의 권리를 주장하는 데 중요한 환경을 조성했다.

이러한 보편 인권에 대한 의식 변화와 자신이 속한 공동체에 존재하는 '다름'에 대한 인식은 차츰 법적 제도적 장치를 통해 사회 내에 공고화되었고 교육과 미디어를 통해 확대되기 시작하였다. 사회적 가치로 받아들여진 보편 인권이 사회 내에서 자연스럽게 학습된 것이다.

삶의 방식 변화

경제 성장에 의한 삶의 질 변화, 보편 인권의 확대 등 1960년대 이후의 변화는 오늘을 사는 현대인이 살아가는 삶의 방식에 변화를 유발하였다. 과학기술의 발달과 가치의 다원화 그리고 행복에 대한 가치관 변화는 전(前) 세대의 삶과 다른 방식의 삶을 욕망하게 하였으며, 이는 인류 공통의 관혼상제 관습까지도 변화시켰다. 공동체 안에서 결혼은 의무가 아닌 선택의 영역이 되었고, 이혼 역시 개인의 선택이 되어 가족의 형태가 다양해졌다. 또한 자녀의 출산 역시 공동체의 의무로 강제할 수 없게 되었고, 입양 같은 형태가 서구 사회에서는 일반적인 흐름이 되었다. 의료기술의 발전은 평균수명을 획기적으로 연장하여 노년의 삶을 사회 문제로 끌어내었다.

삶의 방식과 관련된 변화에서 사회적으로 주목되는 가장 예민한 문제는 바로 출산율 저하와 사회적 부양이 요구되는 노령 인구의 증가다. 노동 인구의 감소와 사회복지 비용의 증가는 오늘날 서구 사회 어디에서나 뜨거운 사회적 이슈로 떠올라있다. 이에 대한 해결책의 하나가 바로 저임금 노동력을 다른 나라로부터 유입하여 경제구조를 유지하는 방식이었다. 최근에는 복지비용을 충당하기 위해 조세정책의 혁신이나 고비용 복지제도를 대신할 공동체 커뮤니티 활성화 등이 접근 가능한 방식으로 이해되고 있지만, 일반적인 선진 국가에서는 저렴한 노동력의 유입이 가장 경제적인 접근방식이었다. 어떤 방식으로 접근하더라도 사회 내에는 또다른 문제가 발생하게 된다. 바로 공동체 안에서 다양한 타자를 어떻게 수용하고 공존할 것이며, 어떻게 자원을 나눌 것인가의 문제에 직면하게 되는 것이다. 이것이 식민지 국가로부터 값싼 노동력을 유입한 유럽 여러 국가가 직면한 문제이며, 2005년 프랑스 이주민 2·3세대의 소요사태나 2011년 노르웨이 극우 총격 사태는 그러한 갈등이 극단적으로 표출된 예이다. 이제 그 사회가 가진 공동체의 가치를 존중하면서도 현대사회의 다원적인 가치를 구현하는 사회통합의 문제가 중요한 과제일 수밖에 없는 것이다.

경제 체제의 재편으로 인한 세계화의 진전

전후 세계 자본주의는 1970년대 이후의 기술, 생산, 유통, 서비스 분야를 통제하는 거대 금융자본을 중심으로 빠르게 재편되어 나갔다. 이는 1960년대 이후 경제 성장동력이 약화된 미국이 불균형한 세계 시장경제에서 금융을 통해 쉽게 주도권을 획득하고자 한 것으로, 국적과 관계없이 이익을 창출할 수 있는 다양한 성장동력을 발굴하고 촉진하여 이익을 창출하려는 의도에서 비롯되었다. 신자유주의(Neoliberalism)라고 명명된 새로운 자본주의 체제는 자유 시장, 자유무역, 자유 송금, 민영화로 특징되며 결국 개별 국가경제를 세계경제로 통합시키는 세계화(Globalization)를 가속화시켰다. 즉 미국의 주도 하에 국가 및 지역 간에 존재하던 상품, 서비스, 자본, 노동, 정보 등에 대한 인위적 장벽이 제거되어 세계가 일종의 거대한 단일시장으로 통합되어 나간 것이다.

세계화 속에서는 생산, 판매, 투자, 저축, 노동 등의 모든 경제활동이 세계 도처에서 이루어지기 때문에 세계는 이른바 '국경 없는 세계(Borderless World)'가 되어간다. 따라서 상품, 서비스, 자본의 국제적 이동을 촉진시키는 생산, 금융, 정보 분야의 거대 조직이 만들어지고, 경제적 힘의 이동이 한 나라에서 세계 어느 나라로든 이동할 수 있게 된다. 또한 경제적 판단에 의한 기업의 이전, 국가 경계를 넘는 이주노동 혹은 시간을 다투는 금융 정보의 공유 등이 확대되어 다양한 문화 간의 접촉이나 문화적 배경이 다른 사람들 간의 업무 공유, 의사소통이 한층 확대될 수밖에 없다.

3. 다문화주의

다문화주의의 등장

환경의 변화는 세계인에게 다양한 문화적 도전을 던져 주었다. 다문화주의라는 용어는 1950년대 스위스에서 처음 쓰인 것으로, 4개의 공용어 정책을 쓰는 스위스의 다언어정책을 의미하였다. 1970년대 캐나다에서 이 용어가 하나의 가치를 지닌 정책 용어로 사용되기 시작했고, 호주 역시 다문화주의를 공식적으로 표방하며 더욱 확산되었다.

캐나다의 모체는 어퍼(upper) 캐나다와 로워(lower) 캐나다인데 어퍼 지역은 영국계가, 로워 지역은 프랑스계가 지배적이었다. 어퍼 지역의 수도였던 지금의 토론토에서는 전통적인 영국식 대학교인 토론토대학, 주의사당 등 강한 영국 전통을 볼 수 있다. ⓒ최혜자, 2012

[그림 1-1] 토론토 시내에서 본 토론토 대학 (U.T)

1971년 캐나다는 세계 최초로 다문화주의라는 이념을 국가 정책으로 채택하였다. 이는 1960년대 주민의 80% 이상이 프랑스계 이주민으로 구성된 퀘벡 주가 캐나다 연방으로부터 분리 독립하고자 하던 흐름에 대한 대응 차원에서 제시되었다. 영국계와 프랑스계의 충돌은 캐나다가 하나의 공동체를 형성하는 데 가장 커다란 걸림돌이었다. 캐나다에서의 이러한 충돌은 1500년대 이후 북아메리카로 이주하는 유럽계 이주민 중에서 우위를 차지하던 영국계와 프랑스계의 충돌로부터 시작되었으며, 1600년대 중반 이후 모피 무역을 독점하려는 식민지 회사(프랑스-뉴프랑스사, 영국-허드슨 베이사)를 중심으로 크고 작은 전쟁으로 이어졌다. 그러나 식민 지배권을 놓고 벌인 두 차례의 전쟁에서 패한 프랑스가 캐나다 지역을 포기하면서 이 지역은 영국의 통치를 받게 되었다. 이후 캐나다 내 프랑스계는 끊임없이 반란, 저항을 계속하며 영국계 권력과 충돌하였는데, 1960년대에 이러한 분위기가 최고조에 달하였다. 이에 캐나다 정부는 사회통합을 위한 대타협을 하지 않을 수 없었고, 이것이 캐나다 다문화주의의 기본 토대가 된 것이다. 이민정책에 있어서도 국내 노동인력의 부족으로 오랫동안 유지하던 유색인종에 대한 차별을 포기하고, 1962년 이민법을 개정하기에 이르렀다. 이로써 캐나다의 이민정책은 인종과 관계없이 기본 요건이 되면 이민을 받아들이는 정책으로 바뀌게 되었다. 다문화주의가 가장 성공적으로 정착한 캐나다의 다문화주의는 이처럼 이민정책과 연동되기보다는 자국 내 사회통합정책으로 수용되었으며, 이러한 점은 캐나다 다문화주의의 중요한 특징이다.

반면 호주는 죄수들을 실은 11척의 배가 시드니 만에 도착한 1788년 이래, 소수의 유럽인을 포함한 일반 영국인들이 이주를 시작하면서 원주민이 배제된 비교적 단일한 백인사회가 형성되었다. 1800년대 호주의 골드러시는 중국인 노동자의 고용을 촉진하였는데, 이로 인해 백인 노동자와 중국인 노동자 간의 갈등이 극심해져 마침내 1861년 '레밍 플랫(Lambing Flat)' 광산의 폭력 사태가 발생하였다. 이에 뉴사우스 웨일즈 주에서는 중국인의 이민을 제한하는 법(Immigration Restrict Act)을 제정하는가 하면, 더 나아가 1901년 호주 연방이 수립된 이후에는 문화의 동질성과 정체성을 가진 진정한 호주인(True Australians) 국가를 위한 백호주의 정책(White Australia Policy)을 채택하였다. 제2차 세계대전 후 급속히 경제가 팽창하자 호주 정부는 유럽의 노동력을 수입하기 위해 노력하였는데, 이러한 이민정책은 호주 대륙에 흑인이나 아시아인을 배제한 코카시아(백인) 인종의 국가를 건설하고자 하는 건국 이상에 기초한 것이었다. 그러나 백호주의 정책은 극심한 노동력 부족과 출산율 저하에 부딪쳐 1973년 폐지되었고, 1975년 인종차별 금지법이 제정되면서 다문화주의 이념이 공식적인 정책으로 자리 잡게 되었다. 다시 말해 호주의 다문화주의는 노동력 수급이라는 경제적 이유를 기반으로 출발하였고, 이후 정책적·제도적 차원에서 꾸준히 확산되던 다문화주의가 2007년부터 상당히 약화되는 부침을 겪기도 하였다. 이러한 상황은 호주 정부가 호주적 가치를 주장하는 추세와 밀접한 관련이 있는

데, 이것이 다문화주의를 표방한 두 나라의 가장 큰 차이점이다.

캐나다와 호주 외에도 많은 나라가 각 국가 공동체에 다양한 문화적 주체의 성립과 다원적 요소 즉, 성별, 계층별, 인종별, 민족별 다양성이 증가되고 있음을 주지하고 이에 부응하는 정책을 수립하였다. 그러나 다문화주의 이념을 국가의 기본 가치로 받아들이는 것과 다문화정책을 추진하는 것은 전혀 다른 이야기다. 예컨대 미국은 다문화주의를 국가 가치로 받아들이지 않아도, 미국적인 가치 속에 완벽한 기회의 평등을 제도화하는 다문화정책을 추진할 수 있었다. 다문화주의 이념은 공동체의 가치에 대한 것이며, 다문화정책은 다문화와 다양성을 관리하는 하나의 사회통합정책이기 때문이다.

다문화주의를 사회 가치로 받아들이든 그렇지 않든, 사회적 다양성에 대처하는 서구 사회의 숙고는 1960년대부터 시작된 것이다. 그러나 각 사회의 전통과 이질적 문화에 대한 역사적 경험, 문화 상호간의 긴장 및 힘의 관계 등에 따라 각 사회가 합의한 내용과 수준은 매우 다양할 수밖에 없다.

우리나라의 경우는 노동력 부족을 겪기 시작한 1990년 이후부터 이주노동자를 유치하면서 사회적 숙고가 시작되었다. 다양성에 대한 정책적 대응은 경제적 약자에 대한 정책, 인권 정책, 여성 정책, 노인 정책, 아동 정책, 청소년 정책, 성소수자 정책, 장애인 정책, 이민 정책 등을 포함하고 있는데, 초기 우리나라 다문화정책 영역은 인종과 탈북자에 관한 문제로 집중된 경향이 많았다. 그러다가 이명박정부 이후 국제결혼 이주 여성의 국내 정착과 다문화 가정에 대한 보살핌 문제로 축소되어, 다른 다양성 정책과 분리되는가 하면, 그것으로의 별도의 독자성을 가짐으로써 동화주의적 색채를 강하게 띠고 있는 형편이다. 따라서 다문화주의와 다문화정책 사이의 모호한 차이를 명확히 구분할 필요가 있다. 다문화주의는 사회 내 다종다양한 문화의 교집합이라기보다는 합집합의 성격이 강하다. 반면에 다문화정책은 그러한 다문화주의 이념을 전 사회에 적용할 것인가 아니면 특정 대상, 특정 시기 혹은 특정 가치와의 결합 정책으로 할 것인가의 문제이며 이는 전적으로 그 사회가 지향하는 가치 하에서 재편성되는 것이다.

다문화주의의 개념

다문화주의는 두 개 이상의 문화가 하나의 사회 안에 공존하는 것을 인정하고, 다양한 문화가 공존하는 사회가 하나의 사회공동체로 기능하면서 발전하는 것이 개인과 사회에 긍정적이라고 믿는 정치적·사회적·문화적 견해를 말한다. 원래 단일한 문화라는 것은 존재하지 않으며, 지구상의 모든 인류와 사회가 수없는 문화적 변화를 겪어왔음에도 오늘날 다문화를 이야기하는 것은, 매우 흥미로운 일이다. 이는 근대사회가 구축한 민족문화 혹은 국민문화라는 틀로 만들어진 '상상의 공동체'(마르코 마르티니엘로, 2008: 25 재인용)가 다양성을 불편하거나 불안한 것으로 인식하게 했기 때문이다. 그러나 다문화주의에서 말하는 '다양성'이 무엇인지에 대해서는 학자에 따라 다소간의 차이가 있으며 견해 역시 다양하다. 이는 이주라는 사건으로 인

〈표 1-1〉 다문화주의에 대한 연구자별 개념 정리

연구자	다문화주의에 대한 개념 정의
로버트와 클리턴(Roberts &Clinton, 1982)	다양한 문화가 사회적·구조적 분리 없이 존재하는 것
베리 (Berry, 1997)	이주의 결과로 많은 사회들이 문화적으로 다양해지는 현상
트로퍼 (Troper, 1999)	인종, 민족, 문화적으로 다원화된 인구학적 현상. 사회문화적 다양성을 긍정적으로 인식하고 가치 있게 여기며 존중하려는 사회 이념
버키튼과 마리노빅(Verkuyen & Marlinovic, 2006)	문화적 동화를 거부하고, 같은 정책적 틀과 균등한 기회를 공유하며 문화적 다양성의 인식의 중요성 강조
비버와 사크-소카 (Vijver, Breugelmans &Schalk-Seokar, 2008)	다인종 구성에 대한 민주적 차원, 정치적 이데올로기와 관련한 문화적 이질성에 대한 수용과 지지에 관련된 심리적 태도
캐슬과 밀러(Castles & Miller, 2009)	주류 사회가 기꺼이 문화적 차이를 수용하고 소수자들의 동등한 권리를 보호하기 위해 행동하는 것을 포함하는 개념
킴리카 (Kymlicka, 2009)	타문화 집단의 독특한 정체성을 인식하고 지원하고자 하는 다양한 집단의 사회적·정치적·시민적 권리와 정책을 수용하는 것
구견서(2003)	하나의 사회 내부에 복수 문화가 공존하는 것을 인정하고 그에 따른 정책적 정비를 포괄하는 개념
한승완(2008)	종족, 인종, 종교, 문화 집단의 권리를 법적으로 인정하고 보호해야한다는 규범적 주장이 함축되어 있음
원숙연(2009)	단순히 정체성, 문화, 차이를 넘어서 차이의 존중과 함께 계층적 불평등에 대한 비판이 병행될 때 그 의미를 찾을 수 있음
박진경(2010)	사회통합적 관점에 의한 소수자의 정체성 인정과 구성원 간 불평등을 해소하는 합의된 실천 이념
장진숙(2010)	다양성 증대에 따른 사회적 분절성을 극복하기 위한 새로운 국민 통합의 이데올로기

* 출처: 정정숙 외(2012: 16 일부 편집).

해 생긴 다문화, 즉 인종과 민족에 초점을 맞추기도 하고, 현대사회의 다원화 현상까지를 포함한 다문화로 인식하기 때문이다.

다문화에 대한 견해가 다양한 것은 두 가지 문제가 혼재되어 있기 때문이다. 첫째는 다원화된 현대사회에 실재하는 '다양성에 대한 대응 방식'과 다종다양한 문화적 토대를 인정하는 '다문화주의'를 섞어서 사용하는 데에 있다. 학자에 따라 하나의 공동체의 모든 문화적 다양성을 바탕으로 다문화주의를 이야기하는 경우도 있고, 공동체 내의 다원화 현상은 별도로 다루면서 인종과 민족을 중심으로 다문화주의를 다루는 경우도 있다. 그러나 다원화 현상으로 빚어진 다양성으로부터 나온 차이가 인종이나 민족과의 관계에서 빚어진 다양성보다 약소할 것이라는 가정은 기존의 믿음으로부터 이어진 '상상'에 불과하다. 사회마다 시대와 상황 그리고 이슈에 따라 매우 상이하기 때문이다. 마르코 마르티니엘로(Marco Martiniello)는 『현대사회와 다문화주의』에서 정형화의 위험을 무릅쓰고 다문화주의 국가 모델을 크게 세 가지로 구분하였는데, 이것은 외부적 다양성, 즉 민족이나 인종에 대해 대응하는 태도라고 볼 수 있다(마르코 마르티니엘로, 2008: 72~79). 실제 다양성에 대한 대응 방식은 내부적 다양성과 외부적 다양성으로 나뉠 수 있으며, 이를 마르티니엘로의 구분에 덧대서 도식적으로 설명하면 다음과 같다.

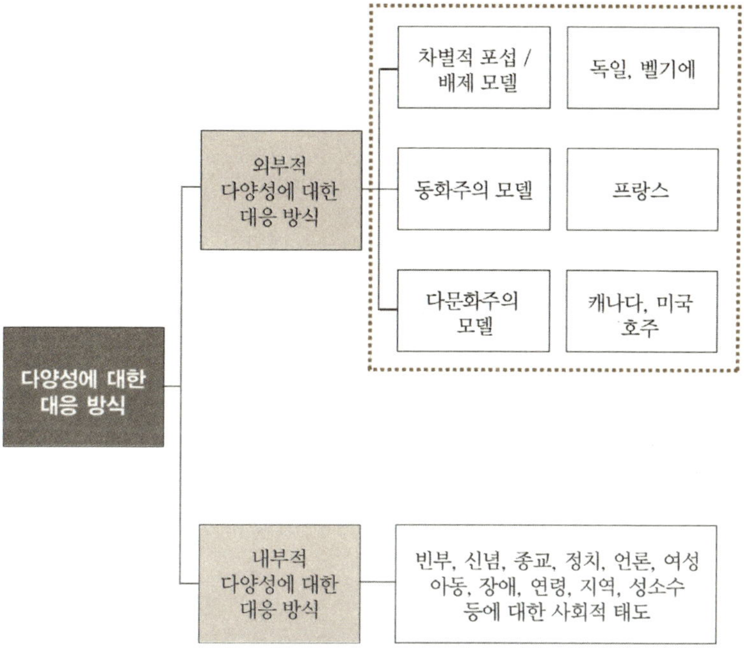

[그림 1-2] 다양성에 대한 대응 방식

* 색 점선안 네모칸은 마르코 마르티니엘로의 국가 모델

두 번째, 인식의 혼재는 내외부의 다양성에 대한 대응 태도의 차이 혹은 의도적 차별화에 있다. 다른 나라로부터 이주민이 유입되고 있는 대부분의 나라들은 자국 사회의 다양한 계층의 요구를 인권 차원에서 다루며, 이들이 문화 주체로 자리 하는 것을 다원화 현상으로 수용하고 있다. 또한 국가 혹은 공동체의 권력집단이 내부의 다양한 요구와 문화적 차이를 상대적으로 축소하거나 방치하는 반면 인종과 민족, 이에 수반된 종교 등의 외부적 다양성을 확대해서 보는 경향이 있는 게 사실이다. 이로써 국가라는 공동체의 견고한 울타리 안에 존재하는 문화적 차이보다 울타리 밖으로부터 유입된 문

화적 차이를 과장함으로써, 다문화주의를 인종이나 민족에 더욱 경도되게 하여 동화의 대상 혹은 포섭이나 배제의 대상이 되게 하는 것이다. 따라서 다문화주의를 논의하는 정도의 경제수준과 사회인식이 가능한 세계 여러 나라들은 내부적 다양성에 대해 관대하게 대응하고 있더라도, 반드시 인종이나 민족에 대한 다문화주의를 선택하지는 않는다는 점을 주목할 필요가 있다. 물론 다문화주의를 선택한 캐나다나 미국, 호주 등도 다른 유럽 국가와 마찬가지로 사회 내에 다원적인 요구가 쏟아져 나오던 1960~1970년대 다문화주의를 선택했지만, 기본적으로는 이민으로 구성된 국가라는 점에서 차이점을 보인다. 그러나 이런 이민국가가 꿈꾸던 사회가 백인 중심 사회라는 점을 보면, 이들 사회 역시 전술하였듯이 쉽지 않은 과정이 있었음을 알 수 있다. 더욱이 그러한 다문화주의를 국가적인 신념으로 애써 보호하고 있는 캐나다의 다문화주의는 사회 내적 요구로 인해 특별한 효용성을 보이고 있는 셈이다.

그런 의미에서 다문화주의나 정책은 세계화의 추세라든가 이주민 증가 등의 일반적인 이유만으로 수용되고 실행되는 것이 아니라, 현실 사회의 문제를 두고 그 공동체에서 진행된 논의와 선택된 합의에 따라 추진되는 것임을 알 수 있다.

제2부

캐나다의 다문화주의

1. 캐나다가 가진 국가적 유전자

다양한 문화가 혼재하는 현실 속에서도 다문화주의나 정책은 각국가 공동체가 처한 역사적·시대적·정서적 상황에 따라 상이하게 관리되고 있다. 따라서 각 나라의 다문화주의나 정책을 이해하기 위해서는 각각의 사회공동체에 대한 깊은 이해가 필수적이다. 특히 다문화주의를 가장 먼저 표방하고 40년 넘게 다문화정책을 성공적으로 운영하고 있다는 점에서 캐나다에 대한 이해는 다문화주의를 이해하는 데 매우 중요하다. 더구나 외적인 요인보다는 내적인 요인에 의해 사회통합정책이 요구되었고 그 해답을 다문화주의에서 찾았다는 점에서 더욱 그러하다.

다문화주의를 최초로 선언하고, 성공적인 다문화정책을 수행하고 있으며, 그 동력이 외부가 아닌 내부에 있다는 점은 다문화주의에 관한한 캐나다 연구가 지닌 독특한 가치로 이는 한국 사회에 좀 더 의미심장한 가치를 지닌다. 계층과 세대 간 갈등이 한층 격화되어가고, 수많은 차이가 있음에도 '우리는 하나'라는 통일 논리가 여전히 유효한 우리 사회에는 사회통합, 특히 통일 이후 나타날 심각한 사회통합이라는 과제가 있기 때문이다.

캐나다라는 젊은 나라

캐나다는 국토 면적이 998만4670㎢에 달하여 세계에서 두 번째로 넓은 영토를 가지고 있는데, 이는 남한 면적의 100배, 남북한 면적의 45배나 된다. 그러나 실제 인간이 거주할 수 있는 지역은 전 국토의 절반에 해당되며, 그나마도 추운 날씨로 인해 사람이 거주하는 곳은 주로 미국과 국경을 마주하고 있는 남쪽 지역이다. 이곳에 마치 벨트를 두르듯 대부분의 인구가 동부와 서부에 집중되어 살고 있는데, 2012년 12월 현재, 광활한 캐나다 땅에 살고 있는 인구는 3488만 명으로 남한 인구의 약 70%, 남북한 인구의 약 47%밖에 되지 않는다. 캐나다의 인구 밀도는 평방킬로미터당 3명으로, 400명이 넘는 남한과는 비교할 수 없을 정도의 인구 희박 국가이다.[1]

인구 50만 이상의 도시와 주별 인구 분포

캐나다는 유럽에서 온 이주민들이 건설한 나라이지만, 1만5000년 전 육지로 연결되어 있던 베링 해 지역을 건너 아메리카 대륙으로 간 아시아인들의 자손이 살던 곳이었다.[2] 북미 대륙에 유럽인들이 도래한 것은 10세기경으로 추정되지만, 신대륙 탐사가 개시된 것은 1492년 콜럼버스의 탐사 이후였다. 캐나다 지역은 1498년 영국에 의

---

1) http://www.statcan.gc.ca/tables-tableaux/sum-som/l01/cst01/demo02a-eng.htm
http://www.cia.gov/library/publications/the-world-factbook/index.html

2) 연합 뉴스
(http://news.naver.com/main/read.nhn?mode=LSD&mid=sec&sid1=103&oid=001&aid=0005692669)

해 탐사되었고, 1600년대 초반 프랑스에 의해 본격적인 정착촌이 건설되고 식민지 진출이 시작되었다. 이들에 의해 명명된 뉴프랑스는 지금의 대서양 지역과 퀘벡 지역의 광범위한 땅을 차지하였으나 뒤늦게 식민 경영에 뛰어든 영국에 패해 1713년, 1763년 두 차례의 조약을 맺고 영국의 식민지가 되었다.

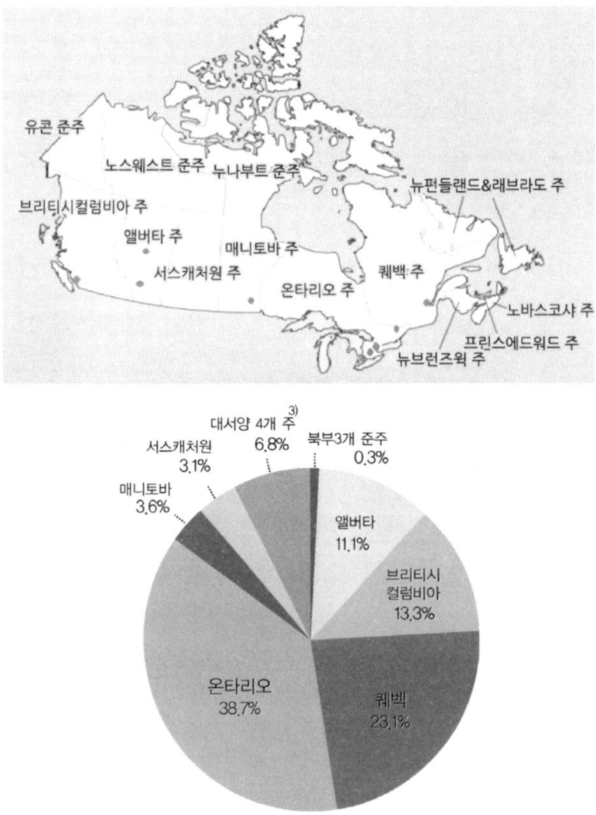

[그림 2-1] 캐나다 인구 50만 이상의 도시와 주별 인구 분포 (2012년 기준)

---

3) 대서양 4개 주는 뉴펀들랜드 & 래브라도 주, 노바스코샤 주, 프린스에드워드 아일랜드 주, 뉴브런즈윅 주

이후 캐나다 지역의 식민지는 1867년 캐나다 자치령을 인정받는 정도의 위상을 유지하다가, 1931년 영연방의 독립국이 되었고, 1951년에 정식 국명을 캐나다로 변경하였다. 1965년 현재의 국기(國旗)와 국가(國歌)를 제정한 캐나다는 1982년에 독자적인 캐나다 헌법을 선포하였다. 독립 국가로서의 위상을 구축하는데 매우 오랜 시간이 걸렸지만 건국 시점은 영국으로부터의 자치를 인정받은 1867년으로 삼고 있다.

자원이 풍부한 캐나다는 전통적으로 농업과 임업, 수산업이 강한 나라이지만, 과학기술의 발달로 자동차 부품, 기계 산업, 항공기, 통신기기, 플라스틱, 화학 비료, 펄프, 목재, 석유, 천연가스, 전지, 알루미늄 등의 수출국이며 기계 및 기기, 자동차 부품, 원유, 기계, 생활용품의 수입국이다. 수출의 73.7퍼센트, 수입의 49.5퍼센트가 미국에

1982년 캐나다는 독자적인 헌법을 제정 공포하면서 독립 국가로서의 면모를 명확하게 갖추게 된다. 이 헌법은 영국 여왕의 사인으로 공식 공포되었는데 영국 여왕은 지금도 캐나다의 국가 원수이다.

* 출처: 밴쿠버 선(vancouver sun)
http://www.vancouversun.com/news/This+History+April+1982/6471287/story.html

[그림 2-2] 영국 여왕이 캐나다 헌법에 서명하는 역사적 장면

집중되어 있기 때문에 미국 경제에 대한 의존도가 높은 구조를 가지고 있다.4)

캐나다의 국내 총생산은 2011년 기준, 1조7000억 달러로 전 세계 11위의 경제 규모를 가지고 있으며, 1인당 국민소득 역시 2011년 세계 10위로서 경제 규모와 1인당 국민소득이 10위권으로 고르게 구축되어 있다.

〈표 2-1〉 캐나다와 각국의 국내 총생산

순위	국가	2011년 국내총생산(US달러)
1	미국	14,991,300,000,000
2	중국	7,318,499,269,769
3	일본	5,867,154,491,918
4	독일	3,600,833,333,333
5	프랑스	2,773,032,125,000
6	브라질	2,476,652,189,880
7	영국	2,445,408,064,516
8	이탈리아	2,193,971,063,086
9	러시아	1,857,769,676,144
10	인도	1,847,976,748,681
11	캐나다	1,736,050,505,051
12	스페인	1,476,881,944,444
13	호주	1,379,382,221,955
14	멕시코	1,153,343,069,401
15	한국	1,116,247,397,319

* 출처: The world bank(http://data.worldbank.org/indicator/)

4) 미국 CIA 자료 인용
https://www.cia.gov/library/publications/the-world-factbook/geos/ca.html

〈표 2-2〉 2011년 캐나다와 각국의 국민소득

순위	국가	2011년국민소득(US달러)
1	룩셈부르크	114,508
2	노르웨이	98,102
3	카타르	92,501
4	스위스	83,383
5	마카오	65,550
6	쿠웨이트	62,664
7	호주	60,979
8	덴마크	59,852
9	스웨덴	57,091
10	캐나다	50,345
11	네덜란드	50,076
12	오스트리아	49,609
13	핀란드	48,823
14	아일랜드	48,423
15	미국	48,112
16	벨기에	46,663
17	싱가포르	46,241
18	일본	45,903
19	아랍 에미리트	45,653
20	독일	44,060
21	아이슬란드	43,969
22	프랑스	42,377
23	부르니에	40,301
24	영국	39,038
25	뉴질랜드	36,254
26	이탈리아	36,103
27	홍콩	35,156
28	스페인	31,943
29	이스라엘	31,282
30	사이프러스	30,670
31	기니	27,478
32	그리스	25,622
33	오멘	25,221
34	슬로베니아	24,142
35	바하마	22,431
36	한국	22,424

* 출처: The world bank(http://data.worldbank.org/indicator/)

뛰어난 자연환경과 경제 여건을 가진 캐나다인이 기대하는 2012년 국민 기대수명은 80.38세로 80.15세인 한국보다 다소 높다. 그러나 한국과 마찬가지로 출산율이 매우 낮아 전형적인 고령화 사회의 양상을 보여주고 있다. 2012년 캐나다의 출산율[5)]은 세계 179위로서 1.59명을 기록하고 있는데 과거에 비해서는 상당히 높아진 수치지만 여전히 미래의 복지 재정에 대한 부담을 가진 사회이다. 그래도 출산율 1.53명으로 거의 최저 수준인 219위를 기록한 우리나라보다는 높은 수치다.

〈표 2-3〉 캐나다의 기대수명

순위	국가	기대수명(세)
1	일본	82.36
2	홍콩	82.1
3	스위스	81.78
4	아이슬란드	81.48
5	이탈리아	81.4
6	호주	81.36
7	마카오	81.27
8	이스라엘	81.26
9	스페인	81.24
10	스웨덴	81.21
11	프랑스	80.91
12	노르웨이	80.85
13	오스트리아	80.56
14	네덜란드	80.48
15	캐나다	80.38
16	싱가포르	80.37
17	아일랜드	80.37
18	독일	80.24
19	뉴질랜드	80.21
20	한국	80.15

* 출처: The world bank(http://data.worldbank.org/indicator/)

---

5)Citizenship and Immigration Canada
(https://www.cia.gov/library/publications/the-world-factbook/rankorder/2127rank.html#top)

캐나다 사회의 생존 원리

캐나다는 이민 국가라는 점에서 건국 초기부터 사회통합 문제가 중요한 국가 과제 중 하나였다. 공동체는 공동체의 건설과 유지 및 계승을 위해 일정한 공동체 정신을 가지고 있으며 공동체 성원들의 공감과 수용을 통해 하나의 공동체로서 기능할 수 있다. 캐나다라는 국가 공동체가 가지고 있는 공동체 정신은 다문화주의(multiculturalism)이며 이는 사회통합의 핵심 가치로 작용한다. 현재는 전 세계에서 다문화주의가 보편적인 이념으로 널리 이해되고 있지만, 다문화주의를 국가 이념으로 가장 먼저 선언한 캐나다는 하나의 이상적 아이디어를 구체적인 정책으로 만들어내는 데 가장 적극적으로 노력한 나라 가운데 하나이며, 그에 대한 캐나다인들의 자부심 또한 매우 높다.

다문화주의는 사회통합의 원리로서 이해되고 있지만, 한편으로는 선택 가능한 이민정책의 한 방식으로도 이해되고 있다. 다문화주의가 하나의 공동체 안에 실재하는 다양한 인종, 다양한 문화 간의 공존을 이야기하는 동시에, 다양한 인종 혹은 다양한 문화가 그 공동체 안으로 진입할 때 공동체가 갖는 입장을 이야기하고 있기 때문이다. 그러나 개별 국가 간의 사회정치적인 차이와 경제적 불평등이 존재하는 현실에서 국경을 넘는 이민정책과 한 사회 내 사회통합정책은 일치된 형태로 표출되기 어려운 현실이 존재한다. 여기에 최근의 전 세계적인 불황과 서구 사회의 경제적 침체 등은 상황을 더욱 어렵게 만들고 있다. 더욱이 2005년 이후 유럽과 호주 등지에서 일어난 인종 폭동, 반(反)다문화주의 정서 그리고 다문화정책에 대한 일부 국가의 성찰[6] 등은 사회통합의 복잡한 단면을 드러내고 있으며 그 중심에는 언제나 다문화주의의 유효성 논란이 존재하고 있다. 그 동안 이주민들은 서구 사회가 필요로 하는 부족한 노동력을 메워 왔지만, 현재는 경제적 수요가 현저히 축소되었다. 이제 그들은 출신 국가로 돌려보낼 수도, 그들의 문화를 포기하게 할 수도 없는 부담스러운 존재가 되어버렸고, 사회통합 비용을 지출하게 하는 존재는 물론 함께 사는 방식을 요구하는 존재가 되어버렸다.

앞에서 언급했듯이 각 나라마다 다문화주의를 채택하거나 다문화주의에 입각한 정책을 일부 채택했다고 해서, 그것이 모두 동일한 내용을 가지고 있지는 않다. 각 사회의 다문화적 수용 태도에 따라 매우 다른 양상을 보이고 있는데, 다문화주의에 대한 회의와 수많은 문제 제기에도 불구하고 다문화주의가 여전히 건재하며, 여전히 광범위한 국민적 지지를 얻고 있는 캐나다적 현상은 매우 이채로운 지점이 아닐 수 없다. 실제 캐나다의 다문화정책 입안자들은 이를 잘 알고 있으며, 캐나다 시민이민부의 다문화 관련 부서는 전 세계적으로 다문화주의를 올바로 인식하게 하는 것을 자신들의 중요 업무의 하나로 받아들이고 있다.

캐나다인에게 있어 다문화주의에 대한 공감과 지지는 매우 확고

6) 2011년을 전후하여 유럽의 주요 지도자들은 다문화정책을 실패한 정책으로 규정하는 발언을 잇달아 내놓았다. 데이비드 캐머런 영국 총리, 앙겔라 메르켈 독일 총리, 니콜라 사르코지 프랑스 대통령 등이 보수정당 출신 지도자이기는 하지만 현재 다문화정책은 광범위하게 재논의 되고 있는 상황임을 보여주고 있다.

하다. 2010년 캐나다 시민이민부에서 발표한 「다문화와 이주를 보는 캐나다인의 태도에 대한 대중여론조사 분석(A literature review of Public Opinion Research on Canadian attitudes towards multiculturalism and immigration, 2006－2009)」의 조사에 다르면, 다문화주의가 캐나다를 구성하는 중요한 가치 중 하나라는 데 캐나다인의 84퍼센트가 동의(적극 동의와 대체로 동의)하고 있다. 또한 1976년 이후 해마다 캐나다인의 보편 의식조사를 발표하는 사회분석연구소인 환경과학연구소(The Environics Institute)의 「초점 캐나다: 대중여론조사(Focus Canada: Public opinion research on the record)」의 2010년 자료 역시 크게 다르지 않다. 캐나다인들은 캐나다의 상징을 100으로 기준할 때 다문화주의가 56퍼센트라고 응답하여 의료 시스템(85%), 권리와 자유헌장(78%), 캐나다 국기(73%), 국립공원(72%), 캐나다 국가(66%), 그리고 캐나다 연방 기마경찰 R. C. M. P.(57%)에 이어 중요 국가 상징으로 인식하고 있다(17쪽). 이는 2000년 이후 다문화주의의 퇴조를 선진국의 경제 위기와 실업, 특히 9·11테러 이후 다른 문화에 대한 거부감 확대로 진단하고 있는 일반론[7]과는 다른 캐나다만의 양상이다. 캐나다 국민들의 지지와 자부심이 어디에서 연유하는지에 대한 탐구는 매우 흥미로운 주제가 아닐 수 없다.

7) 한겨레21(http://h21.hani.co.kr/arti/world/world_general/30164.html)

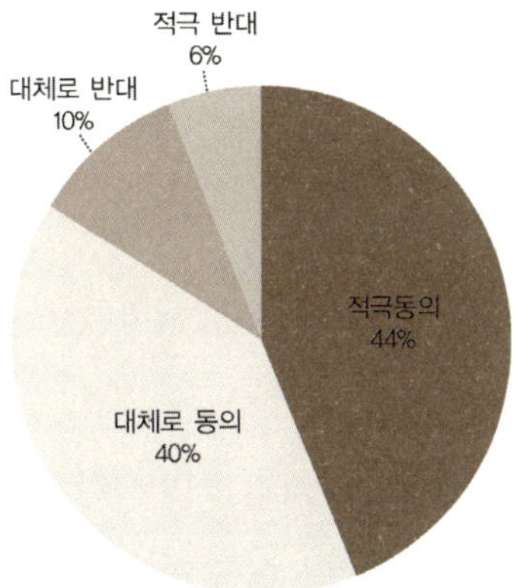

출처: A literature review of Public Opinion Research on Canadian attitudes towards multiculturalism and immigration, 2006-2009 3쪽

[그림 2-3] 다문화주의가 캐나다를 만드는 데 중요한 가치인가에 대한 캐나다인의 응답

캐나다의 다문화주의는 이민정책으로부터 출발했다기보다는 사회통합정책으로 출발하여 이민정책에 영향을 끼친 측면이 강하다. 현대사회에서 이민정책은 사회경제적 여건과 국제적 추세에 따라 변화할 수 있으며, 실제로 캐나다도 연방정부와 주정부의 협조 속에 이민의 문호를 끊임없이 조절하고 있다. 그러나 사회통합 정책으로서의 다문화주의는 캐나다 사회가 다문화주의를 제기한 원인이 사라지지 않는 한, 또한 다문화주의보다 나은 대안으로 그 원인에 대응할 수 있지 않는 한 유지될 수밖에 없는 이념이다. 제국주의와 이주노동으로부터 이민 문제와 사회통합 문제가 제기된 여타 다른 나라와 달리 캐나다는 사회 내부에 존재하는 이질적인 문화 간의 통합이라는 과제에서 출발하였기 때문이다. 따라서 캐나다는 다문화주의에 대한 요구가 사회 내적으로 형성되어 있고, 다문화주의의 후퇴나 철

회 논의가 나오기 쉽지 않은 특성을 가지고 있다.

캐나다 사회의 갈등 요소와 다문화주의로의 접근

캐나다가 가지고 있는 태생적인 문제의 원천은 이민 국가라는 점으로, 이는 다른 이민 국가인 미국이나 호주, 뉴질랜드와 별반 다를 것이 없다. 그러나 캐나다가 가진 치명적인 문제의 원천은 캐나다 국가 건설의 주요 핵심 권력인 영국계가 지배 권력으로서 절대적이며 유일한 지위를 가지고 있지 않다는 점이다.

물론 캐나다도 다른 이민 국가와 마찬가지로 부족한 노동력을 충원하기 위해 적극적인 이민정책을 추진해 왔고, 영국 식민지에서 독립한 캐나다의 권력은 세계 각국에서 온 이주민들을 압도할 만큼 강

몬트리올 노트르담 성당 앞에 있는 메이종누브 동상의 전후좌우 네 개의 방향에는 프랑스계 이주민 그룹의 주요 세력이 조각되어 있다. 프랑스계와 긴밀한 유대를 맺었던 원주민은 식민지 뉴프랑스의 중요한 주력군 중 하나였다.

[그림 2-4] 몬트리올 노트르담 성당 앞의 조각상

력한 힘과 국가 운영 시스템을 갖추고 있다. 그러나 초기에 압도적 우위를 점하였고 이후에도 지속적으로 캐나다 전반에 강력한 영향력을 행사하고 있는 프랑스계 이주민들을 관리하기에는 한계가 있었던 게 사실이고, 이들이 캐나다 연방으로부터 이탈하는 것 역시 저지해야 하는 실정이라는 데에 캐나다 사회의 고민이 있다.

뿐만 아니라, 미국과는 달리 초기 캐나다 지역 이주민들은 혹독한 환경을 극복하기 위해서 원주민(aboriginal)들의 도움이 절실히 필요했다. 따라서 초기 이주민이었던 프랑스계와 원주민 간에는 문화적 교류는 물론 결혼 등도 일반화되어, 프랑스 이주민과 원주민 간의 상호 동화는 이들 세력 간의 긴밀한 연대감을 형성하였다. 영국 이주민과 프랑스 이주민 간의 전쟁을 프렌치-인디언 전쟁(french and Indian War)이라고 부르는 것은 상당 원주민 부족이 프랑스계 병력에 편입되어 있었다는 데에서 비롯되었다. 또한 원주민들이 영국이나 프랑스계 이주민처럼 동일한 권리를 요구하는 정치적 행위를 함으로써 캐나다는 일반적인 이민 국가보다 복잡한 양상을 가지고 있었다. 따라서 캐나다의 이민 환경은 원주민과의 '평화로운 공존'이라는 내적 가치를 만들게 되었으며, 이는 영국으로부터의 독립전쟁과 원주민 제압을 통해 국가를 건설했던 미국과 다른 길을 선택한 캐나다의 환경이 되었다.[8] 더구나 캐나다 식민지 내 영국계 이주민마저도 식

---

8) 캐나다는 영국령 자치를 인정했던 '영국령 북아메리카 조례(British North America Act)'가 수정되어 1949년 완전 독립이 법적으로 완성되었으며 1951년 국명을 캐나다 자치령에서 캐나다로 변경하였다. 이후 1982년 캐나다 최초의 헌법이 선포되어 영연방의 일원이며 국가 원수 또한 영국의 국왕이지만 영국

민통치에 저항하기 시작하자, 영국의 식민정책은 곤혹스러울 수밖에 없었다. 결국 캐나다를 관리하는 식민정책은 미국의 독립전쟁에 가담하지 못하도록 프랑스계 이주민과 원주민을 포함하여 대다수 캐나다 지역 식민지에 자치권을 부여하는 등 회유책을 쓰게 되었다.

아울러 1950년 이후 야기된 노동력 부족으로 신규 이주민이 지속적으로 필요해지자, 기존의 유럽 지역 외 아시아, 남미 지역에서 유입된 이주민들이 캐나다 사회에 또 다른 통합의 과제를 안겨주었다. 이런 점에서 캐나다의 사회통합전략으로서의 다문화주의는 선택이 아니라 필수이며, 국가 이념으로서의 가치라기보다는 국가 생존 전략에 가깝다고 할 수 있다.

대서양에서 태평양까지 이어 붙여진 다른 그림

캐나다는 이주 순서와 원주민 및 다른 이주자들과의 관계에 따라 현재의 거주 형태가 만들어졌다. 유럽으로부터 가장 가까운 땅인 대서양 4개 주는 초기 프랑스 이주민들에 의해 건설되었으나 프랑스와 영국의 전쟁 결과 위트레흐트조약(1713)에 의해 영국계가 거주하게 된 지역으로 지금도 그러한 전통이 강하다.

반면 대서양 4개 주의 동쪽에 위치한 퀘벡 주는 영국과 프랑스의 식민지 관리 담당 기구이자 회사인 허드슨 베이와 뉴프랑스가 치열한 전쟁을 벌였던 곳이다. 현재 주민의 대다수는 프랑스계이며, 국제도시 몬트리올을 제외하고는 전 지역이 프랑스보다 더욱 프랑스적인

과의 모든 법적 예속 관계는 청산되었다.

곳으로 알려져 있다.

퀘벡 주 동쪽에 위치한 온타리오 주는 식민전쟁에서 승리한 영국이 식민지 건설에 박차를 가한 곳이었다. 영국계 정부의 지휘 하에 스코틀랜드와 아일랜드계를 중심으로 한 서유럽인들의 이민이 추진된 곳이기 때문에 영국적인 전통이 매우 강하다.

온타리오 주의 서쪽, 매니토바 주와 서스캐처원 주는 대평원 지역으로, 원주민과 초기 프랑스계 이주민의 혼혈자손인 메티스(metis), 중부 지역 원주민의 주 거주 지역이다. 또한 유럽 지역에서 온 후발 이주민인 독일계나 우크라이나계가 정착한 곳으로, 이들은 캐나다 정부가 퀘벡 주를 관리하기 위해 취한 이중 언어정책을 프랑스계에 대한 특혜로 규정하고 보편 정책으로 확대하도록 정부를 압박함으로써 마침내 다문화주의의 기초를 만드는 데 기여하였다.

앨버타 주가 있는 산악 지역은 전통적인 목축 지역이지만 캐나다의 오일 산업이 활성화된 이후 세계 각지에서 신규 이민이 몰리는 지역이다. 카우보이의 전통과 석유화학 산업으로 인한 기술직 이주민이 만들어내는 새로운 문화 지역인 셈이다.

태평양 연안 지역인 브리티시 콜롬비아 주는 동부 지역과 달리 아메리카 대륙을 돌아온 영국에 의해 개발된 식민 지역으로 영국의 전통이 강한 곳이다. 여기에 아시아 사회에서 유입된 이주민의 증가로 유럽과 아시아의 문화가 섞여 있다. 북부 지역은 원주민들이 주로 거주하는 곳으로 원주민 중에서 에스키모로 알려진 이누이트족이 주로 살고 있지만 인구가 매우 희박하다.

대서양에서 태평양까지 다양한 기후대와 문화 지대가 존재하는 캐나다는 다양한 그림을 붙인 것처럼 지역마다 각각의 특성을 가지고 있다. 그러나 어떠한 문화적 토대를 가지고 있든 캐나다는 다양한 문화가 어우러진 가치에 대한 국민적 공감대가 높고, 지난 30여 년 동안 다른 문화와 공존하는 방식에 대한 연구과 정책 개발, 교육, 미디어 활동이 꾸준히 진행되어 왔다.

한 가지 실례가 있다. 반 다문화 정서가 유럽을 중심으로 번져가던 2011년 6월, 캐나다 밴쿠버에서는 시 연고 하키 팀인 밴쿠버 커넉스(Vancouver canucks)가 북미 스탠리컵 최종 결승 경기에서 패배한 후 폭동이 일어났다. 10대에서 20대 백인 남성이 주를 이룬 이 폭동으로 거리의 상점이 부서지고, 경찰차가 불에 타고 약탈이 일어나는 등 도심은 일대 혼란과 파괴로 휩싸여, 자칫 사회적 이슈로 번질 수 있는 상황이었다. 흔히 우발적인 폭동의 경우 잠재된 사회 불만 세력이 가세하면서 사회정치적 이슈는 물론 인종적 이슈가 제기되기 마련인데, 밴쿠버 폭동의 경우 사회적 혹은 인종적 이슈가 전혀 제기되지 않았다. 어떤 자료를 보더라도 다문화주의에 관한 캐나다인들의 믿음과 신뢰는 흔들림 없이 확고하다고 볼 수 있다.

2. 캐나다 다문화주의의 역사적 맥락

유럽의 여러 나라는 물론 같은 이민 국가인 미국이나 호주에서조차 다문화주의에 대한 회의가 번지고 있는 지금도 캐나다의 다문화주의가 확고한 지위를 유지하고 있는 원인을 찾기 위해서는 캐나다 내적인 요구를 세밀하게 분석할 필요가 있다. 캐나다에서 생존 전략으로 이해되는 다문화주의는 구체적인 역사적 사실과 사건에 기초하며, 캐나다 사회를 어떻게 통합할 것인가 하는 고민에 맞닿아 있는데 이는 네 가지 측면에서 살펴볼 수 있다.

영국 이주민과 프랑스 이주민

우선 캐나다에는 영국과 프랑스 이주민 간의 수백 년에 걸친 식민지 쟁탈과 생존 투쟁의 역사가 있다. 북미 대륙의 북부 지방은 프랑스가 먼저 진출한 곳으로 유럽 대륙과 가장 가까웠던 현재의 노바스코샤 지역[9]이 프랑스의 근거지였다. 뒤늦게 도착한 영국은 프랑스

9) 노바스코샤(Nova Scotia)는 '새로운 스코틀랜드'라는 뜻을 가진 라틴어로 프랑스가 캐나다 지역에 처음으로 세운 식민지였다. 원래 아카디아(Acadia)라는 이름을 가졌던 이곳은 1713년 프랑스가 영국과의 전투에서 패한 후 영국령으로

와 마찰을 빚었고, 100여 년에 걸친 크고 작은 전투 끝에 노바스코샤 지역은 영국에 넘어가고 말았다. 이후 새롭게 개척한 지금의 몬트리올 지역 뉴프랑스마저 1763년 파리조약(Treaty of Paris)[10)]으로 영국에 빼앗긴 프랑스계는 영국 식민정부의 탄압과 강제 이주 등으로 깊은 상처를 받고 역사적 앙금을 갖게 되었다. 이러한 상황은 1775년부터 개전된 미국의 독립전쟁 때문에 다소 호전되었다. 영국 식민 당국이 미국의 독립전쟁에 가담하는 것을 차단하기 위해 캐나다 지역에 건설된 각 식민 단위별로 자치권을 인정하면서 회유를 하였고 그 결과 현재의 주 별로 구성되었던 자치정부들은 독자적인 행정 단위를 갖게 되었다. 이로써 퀘벡지역의 자치정부는 프랑스계의 단합과 언어를 유지할 수 있었다. 그러나 캐나다 정부 수립 이후에도 시시각각으로 터져나온 정치적·사회적 이슈는 영국 식민정부와의 오랜 갈등으로 내상을 입은 지금의 퀘벡 지역 주민들로 하여금 분리 독립의 자기 논리를 유지하게 하였다.

프랑스 혁명 이전에 건설된 뉴프랑스는 퀘벡 주민의 정서에 깊은

편입되었으며 이후 이름이 노바스코샤로 바뀌었다. 영국군에 의한 아카디아 인의 강제 추방과 그곳에 남은 소수의 아카디아 인의 고난은 헨리 워즈워스 롱펠로(Henry Wadsworth Longfellow)가 쓴 서사시 <에반젤린>에 잘 나타나 있는데 원제는 'Evangeline: A Tale of Acadie'이다. 아카디아에서 강제 추방으로 이산되어 미국 땅을 헤매게 된 남녀의 애절한 이야기를 다룬 이 작품은 미국 루이지애나 등으로 이주한 아카디아 인의 역사를 배경으로 하고 있다. 이러한 역사와 문화적 흔적은 현재 미국의 뉴올리언스에 고스란히 남아 있다.

10) 이 조약으로 캐나다에 있던 프랑스 이주민들은 영국의 통치를 받게 되는데 이 전쟁은 프랑스 이주민뿐 아니라 원주민도 가세한 전쟁으로 프랑스계와 원주민의 혼혈인인 메티스와 프랑스를 지원한 원주민들 역시 수많은 탄압과 추방으로 깊은 상처를 입었다.

영향을 끼쳤는데, 오늘날의 프랑스보다 더욱 전통적인 정서를 유지하고 있다. 예컨대 퀘벡 주의 주기(The Fleurdelisé flag)는 1534년에 제정된 프랑스 왕정의 깃발에 기초한 것으로 과거 퀘벡과 프랑스를 오가던 상선들이 게양했던 것이다. 퀘벡 주가 이 주기를 사용한 것이 1948년이고, 공식 주기로 제정한 것이 1999년이라는 점에서 퀘벡 주가 가진 정서의 단면을 알 수 있다.

실제 본격적으로 다문화주의가 정책 일선에 등장했던 1960년대 말은 퀘벡 분리주의 운동(Quebec Separatism)이 최고조로 달했던 시기였다. 영국계와 프랑스계 이주민 간의 갈등은 캐나다의 정체성 형성에 여전히 강력한 영향을 끼치고 있는데, 현재도 대도시를 제외한 퀘벡 지역은 영어가 통용되지 않는 유일한 캐나다 땅이다.

프랑스가 북미에 건설한 뉴프랑스는 캐나다 동부에서 미국의 미시시피 강을 따라 뉴올리언스까지 이르는 광활한 지역이었다. 이들은 왕가를 상징하는 백합 문양의 기를 게양하였으며, 이 기는 퀘벡 주의 상징이 되었다.

[그림 2-5] 퀘벡 주기

〈표 2-4〉 캐나다 전체 불어 사용자 대비 퀘벡 주에서의 불어 사용 실태

(단위: 명)

	총인구	영어 사용자	불어 사용자	기타언어 사용자	영어/불어	영어/기타언어	불어/기타언어	영어/불어/기타언어
캐나다	31,241,030	20,584,770	6,608,125	3,472,130	94,055	406,455	58,885	16,600
퀘백	7,435,905	744,430	6,027,730	518,320	52,330	26,560	54,490	12,035

* 출처: 캐나다 통계청(2006).
http://www12.statcan.gc.ca/census-recensement/2006/dp-pd/hlt/97-555/T402-eng.cfm?Lang=E&T=402&GH=5&GF=24&SC=1&S=0&O=A의 내용 편집

이주민과 원주민

둘째, 캐나다 땅에 살던 원주민과의 관계이다. 캐나다의 원주민(Aboriginal Peoples)은 인디언이라고 불리던 선주민(First Nation)과 북쪽 지역 에스키모인 이누이트(Innuit), 프랑스계 유럽인과 원주민의 혼혈인 메티스(metis)로 나눌 수 있다. 캐나다도 다른 이민 국가와 마찬가지로 정착 과정에서 원주민을 매우 폭력적으로 몰아냈으며, 1876년 제정된 인디언법(The Indian Act)으로 인해 원주민은 연방정부의 관할 하에 대부분의 땅을 양도하고 특별보호지역에 거주하게 되었다.

한편 유럽인 이주자들에게 캐나다 원주민들은 절대적인 도움을 주는 존재였다. 캐나다는 1600년대 프랑스계 정복자들에 의해 '유럽의 정복 가능한 땅'으로 인식되기 전까지 북미 원주민[11])들이 살던 춥고 보잘것없는 땅이었다. 새로운 땅을 개척하려는 유럽인들에게

11) 원주민은 오랫동안 Indian으로 불리었으나 선주민(First Nation), 원주민(Native American) 혹은 토박이 뉘앙스의 원주민(Aboriginal people)로 개칭되어 불리고 있다.

돈이 되는 상품은 허드슨 만(Hudson Bay)을 중심으로 한 모피 교역이었고, 이를 위해 프랑스 정복자와 이주민들이 정착하면서 본격적인 이주의 역사가 시작되었다. 이때 혹독한 추위에 절망에 빠진 유럽인들에게는 모피 취득은 물론 생존을 위해 원주민의 도움이 불가피했다. 소수의 이주민과 오랜 세월 유럽인들을 접함으로써 유럽인의 시각을 이해하고 있던 원주민 사이에는 상대적으로 덜 일방적인 방식의 협상이 이루어졌다. 특히 매니토바 주는 프랑스계 초기 이주민과 원주민 사이의 자손인 메티스들의 주권 의식과 자치 정신에 의해 건설된 주로서 원주민들의 주권 의식이 상대적으로 높은 편이다.[12)]

12) 1867년 영국이 미국 독립전쟁의 여파에 휩싸이지 않도록 캐나다 연방을 구상하자, 캐나다 동부 지역의 일부 식민령들이 캐나다 연방을 선언하였다. 이후 영국 식민 본국은 캐나다 연방에 중부 지역을 임의 편입하고 서쪽으로 팽창해 나가기 시작하였는데 현재 매니토바 지역의 원주민들과 메티스들은 땅을 빼앗길 것을 우려하였다. 원주민들은 신학과 법학을 전공하고 유창한 불어 구사 능력을 가진 메티스 지도자 루이 리엘(Louis Riel)의 주도 하에 반란을 일으켜 원주민 자치주의 권리 하에 캐나다 연방 가입을 성사시킨다. 그러나 연방의원 신분임에도 등원이 거부되는 등 불이익이 이어지고 캐나다 연방정부의 약속 지연과 또 다른 개발계획 등으로 루이 리엘은 대대적인 2차 반란을 일으켰다. 반란 진압 후 수많은 구명 운동과 '유죄지만 사면 요망'이라는 판결에도 불구하고 리엘이 처형되자, 퀘벡 주에서는 저항이 불길처럼 일어나 캐나다 연방 해체 위협이 다시 한번 수면에 올라왔었다. 그래서 지금도 원주민과 퀘벡 주에서는 리엘을 영웅으로 추앙하고 있다. 리엘의 반란은 원주민에 대한 토지권리서를 발행, 중부 지역의 대표로서 메티스와 원주민의 의회 참석 보장 등 캐나다 권력구조에 큰 영향을 끼쳤으며 다문화정책의 근간과도 깊은 관련이 있다.

루이 리엘은 매니토바 주와 서스캐처원 주 자치운동의 지도자이며, 프랑스계 혈통의 원주민이다. 그는 퀘벡 주에서 존경받는 인물인데, 특히 법정에서조차 끝까지 불어로 최후진술을 하는 등 원주민과 프랑스계의 이해관계에 중간에 있는 인물이다. 매니토바 주는 2010년부터 매년 2월 15일을 루이 리엘의 날로 기념하고 있다.
출처: 온타리오 왕립박물관 자료

[그림 2-6] 2005년 토론토 루이 리엘의 날 행사모습

현재 캐나다에는 크고 작은 원주민 보호지역이 있고, 원주민이 거주하던 땅은 캐나다에 영구 양도되었지만 원주민들의 요구가 있을 시 반환해야 하는 계약[13])이 여전히 유효한 상태이다. 때문에 자신들의 땅을 강제 양도한 후 일정 지역에서 강요된 방식의 삶을 사는 원주민에 대한 보호조치는 캐나다 사회가 안아야 하는 태생적 원죄이며, 그들의 삶이 파괴되지 않도록 관리하는 것은 캐나다 사회의 관용을 측정하는 일종의 상징이라고 할 수 있다.

13) 예컨대 브리티시 콜롬비아 주립대학이 있는 밴쿠버 서쪽 땅 머스큐엄 랜드(Musqueam land)는 머스큐엄 원주민들의 땅으로서 캐나다에 양도된 곳이다. 따라서 이 지역은 밴쿠버 시에 속하지 않고 대학이 이 지역을 관할하며, 계약상 원주민들의 요구가 있을 시 반환하도록 되어있다. 물론 반환이 되면 그 원주민들이 누린 수많은 혜택은 자연 소멸되는 것이다.

〈표 2-5〉 캐나다 내 원주민 인구

(단위: 명)

총인구	원주민 정체성 소유인구	북미인디언	메티스	이누이트	비원주민 정체성 소유인구
31,241,030	1,172,785	698,025	389,780	50,480	30,068,240

* 출처: 캐나다 통계청(2006).
http://www12.statcan.gc.ca/census-recensement/2006/dp-pd/hlt/97-558/pages/page.cfm?Lang=E&Geo=CMA&Code=01&Table=1&Data=Count&Sex=1&Age=1&StartRec=1&Sort=2&Display=Page의 내용 편집

캐나다와 미국

셋째, 미국과의 관계이다. 미국 독립전쟁 동안 미국에 거주하던 영국 충성파(Royalist)가 캐나다 지역으로 대거 이주하였다. 미국이 독립을 하자, 영국 정부는 물론 캐나다인들도 미국의 태도에 촉각을 곤두세울 수밖에 없었다. 미국 역시 1776년 독립을 한 후에도 캐나다 땅에 배치된 영국군에 대한 경계를 늦추지 못했다. 결국 양국은 1812년부터 2년여 동안 벌어진 치열한 전쟁으로 양국의 수도가 파괴되는 등 첨예한 긴장 상태를 유지했다. 그 후 캐나다 지역의 주권국인 영국과 미국은 1846년 오리건 협정(Treaty of Oregon)을 통해 현재의 북위 49도 선으로 국경을 확정하여 일정한 거리를 유지할 수 있었다. 노바스코샤・뉴브런즈윅・퀘벡・온타리오 주 등 4개주가 캐나다 연방을 형성한 1867년 영국령 북아메리카법(British North America Act) 발효 이후에도 이러한 긴장은 일정 부분 지속되었다. 강력한 국가를 형성한 미국과의 관계는 캐나다 사회 전반에 깊은 영향을 끼쳤으며 다문화적 환경 역시 미국과의 관계를 떼어놓고 생각하기 어렵다.

기후와 여건이 좋은 미국 지역과 달리 혹독한 환경을 가진 캐나다는 언제나 미국보다 나은 이민 조건을 내걸고 이주민 유인 정책을 펼쳐야 했다. 그리하여 관대하고 자유로울 뿐 아니라 파격적인 이민 조건을 제시하게 되었고, 이는 정착자를 적극적으로 지원하는 캐나다 공공 환경의 기초가 되었다. 더구나 앞에서 언급하였듯이 미국 독립전쟁은 식민 모국인 영국으로 하여금 캐나다 내 식민 정부에 자치권을 보다 많이 부여하게 하는 정책 환경을 조성하여, 캐나다 지역은 관대한 이민 조건과 이주민들에 의한 자치 정부 활동이 적극적으로 보장되었다.

제1, 2차 세계대전 이후에도 캐나다의 급격한 경제 성장은 미국 경제와의 관계 속에서 이루어졌으며, 미국의 자유와 인권에 대한 의식, 특히 1960년대 미국의 인권운동이 캐나다 사회에 커다란 반향을 일으켰다. 다시 말해 여성, 인권, 인종 등 뜨거운 이슈들과 함께 다문화주의가 캐나다의 보편적 정책으로 자리하는 데도 미국으로부터의 영향이 있었다는 점이다. 특히 미국이 이민 사회를 통합하기 위해 고안한 용광로 정책(melting pot policy)을 연구해온 캐나다는 자신들의 고유한 방식을 만들어가는 데 중요한 기준을 접할 수가 있었다.

미국과 캐나다의 주권국인 영국의 긴장은 국경에 대한 경비를 강화하게 하였다. 1812년 영국이 나폴레옹전쟁에 집중하는 동안 미국은 영국의 위험을 차단할 목적으로 캐나다를 공격해 지금의 토론토인 요크를 파괴하였다. 미국의 침략을 경계하기 위해 지은 토론토의 요크 요새는 미국에 의해 점령되었던 곳이다.

ⓒ최혜자, 2012

[그림 2-7] 토론토 요크 요새

기존 이주민과 신규 이주민

넷째, 1960년대 이후 유색인종을 배제하던 이민정책의 포기와 이로 인한 신규 이주민의 대량 유입을 들 수 있다. 캐나다가 미국에 비해 상대적으로 관대한 원주민 정책을 가지고 있었다고 하지만, 원주민을 몰아내는 잔혹한 과정의 본질 자체는 다를 바가 없다. 또한 극심한 노동력 부족과 다수의 프랑스계 이주민들을 견제하기 위해 다른 인종의 유입을 장려하였지만, 이 역시 유럽 지역에 국한된 것으로 이때 우크라이나 출신 이주민들이 대거 유입되었다.

캐나다 역시 다른 이민 국가와 마찬가지로 유색인종에 대한 차별을 법적으로 명시한 이민법을 가지고 있었는데, 특히 오랫동안 견지해온 중국인에 대한 차별 정책인 중국인 이민법(Chinese Immigration Act)[14]은 캐나다 인종주의 정책을 엿볼 수 있는 증거이다(Christopher G. Anderson, 2011: 209).

브리티시 콜롬비아 주의 주도 빅토리아에 있는 차이나타운은 미로로 유명하다. 캐나다에서 일하기 위해 지불해야 하는 엄청난 세금(일명 인두세) 때문에 도망 다녀야 했던 중국인들이 경찰의 추격을 피하기 위해 점점 좁은 골목을 만들게 되었다. 캐나다 정부는 2000년 대 들어 이러한 비인도적 처사에 대해 사죄하고 범죄적 사실을 교과서 등에 싣기 시작하였다.

ⓒ최혜자, 2012

[그림 2-8] 빅토리아 시 차이나타운의 좁은 골목

또한 캐나다는 제2차 세계대전 중에도 자국 국경 안으로 유럽 난민들이 유입되는 것을 철저하게 막는 정책을 취하는 등 비인도적인 상황을 방치하기도 하였다. 예컨대 나치의 박해와 대량학살을 피해

14) 1923년 만들어진 중국인 이민법은 일종의 인두세(head tax)로서 중국인들이 캐나다 땅에서 일을 할 때 가혹한 세금을 징수하던 제도이다. 이는 중국인 이민을 막기 위한 방법으로, 철도 노동을 하던 중국인들은 이를 피해 도망 다니는 삶을 살면서 북미 대륙에 많은 차이나타운을 만들었다. 특히 태평양과 접해 있는 브리티시 콜롬비아 주의 주도인 빅토리아 차이나타운은 건물과 건물 사이가 1미터가 채 되지 않는 것으로 유명한데, 이는 경찰의 추격을 피해 좁은 골목을 도망 다니기 위해 고안된 구조이다.

온 난민들의 배를 돌려보냈는가 하면, 적국 출신의 이주민이라는 이유로 전쟁 기간 중에 독일, 이탈리아, 일본계 캐나다인들을 강제 임시 수용소에 수용한 전례도 있다. 그러나 경제 성장이 본격적으로 시작되자 가득이나 부족한 노동력 문제로 고심하던 캐나다 정부는 1960년대 출산율 저하라는 사회현상에 적극적으로 대처하기 위해 이민법을 개정하기에 이른다. 1962년 개정된 이민법(Immigration Act)은 인종이나 종교, 문화 등의 이유로 이민 시에 부당한 대우를 받지 않게 되어있다. 그러나 이민의 규모를 사전에 정하고, 이주민 자격을 심사하는 기준으로 영어, 학력, 직업 등을 판단하는 점수제도(point system)는 또 하나의 경제적·사회적 자격 기준으로 평가되고 있다. 캐나다로의 이민은 1960~1990년대 사이 대규모로 이루어졌으나 2000년 들어 많이 감소하였다. 연방정부와 주정부가 일정한 비율로 매년 이민 허용 규모를 관리하고 있기 때문에 주마다 이민제도에도 차이가 있다. 세계 경제의 불황속에 이민의 거센 물결이 잠잠해 졌어도 캐나다는 여전히 신규이민자가 많은 나라이다. 따라서 캐나다는 세계 각지에서 오는 대규모 이민의 물결 속에 복잡한 갈등 요소를 통합해야 할 과제를 안고 있고, 다문화주의는 캐나다 사회에 유입된 사람들의 정착 및 문화 상호간의 공존을 꾀하는 사회통합 정책으로 굳건히 자리하게 된 것이다.

〈표 2-6〉 캐나다의 비이주민과 이주민의 구성

	총인구[15]	비이주민	이주민	1991년 이전 이주민	1992-1995 이주민	1996-2000 이주민	2001-2006 이주민
캐나다	31,241,030	24,788,720	6,186,950	3,408,420	823,925	844,625	1,109,980
뉴펀들랜드/래브라도	500,610	490,855	8,385	5,390	695	855	1,440
프린스 에드워드 아일랜드	134,205	129,150	4,785	3,335	270	315	855
노바스코샤	903,090	854,495	45,190	30,305	3,540	4,445	6,900
뉴브런즈윅	719,650	690,695	26,400	18,070	1,895	2,135	4,300
퀘벡	7,435,900	6,535,430	851,560	438,940	109,640	109,075	193,905
온타리오	12,028,895	8,512,020	3,398,725	1,884,440	462,080	471,470	580,740
매니토바	1,133,510	974,735	151,230	92,535	13,215	14,290	31,190
사스콰추안	953,850	901,080	48,155	30,615	4,340	5,110	8,090
알버타	3,256,355	2,702,225	527,030	295,390	62,240	65,720	103,680
브리티시 콜롬비아	4,074,385	2,904,240	1,119,215	605,680	165,230	170,465	177,840
유콘 준주	30,195	26,990	3,005	1,950	325	345	385
북서 준주	41,055	37,985	2,815	1,470	400	345	600
누나부트	29,325	28,820	455	300	55	50	55

* 출처: 캐나다 통계(2006).
(http://www12.statcan.gc.ca/census-recensement/2006/dp-pd/hlt/97-557/T403-eng.cfm?Lang=E&T=403&GH=4&SC=1&S=99&O=A)

15) 총인구는 비이주민, 이주민, 비영주권까지 포함한다. 비이주민은 캐나다에서 태어난 사람을 말하며, 소수가 캐나다인 부모에 의해 해외에서 출생했다. 이주민은 캐나다 외부에서 태어나 캐나다에 정착하거나 영주권을 받은 사람을 의미하며 일부 캐나다에서 태어난 경우도 있다. 이 자료는 2006년 5월 16일 센서스 데이 이전의 이민 현상을 보여주는 자료이다.

3. 캐나다가 가진 사회통합의 과제

사회통합의 3대 과제

캐나다 건국과 사회 구성을 둘러싼 역사적 과정을 통해 현재 캐나다가 가진 사회통합의 과제는 크게 세 가지로 구분되는데, 이는 원주민(Aboriginal people), 영국과 프랑스의 협정 그룹(English and French 'Charter' group), 그리고 전 세계에서 온 이주민들(immigrants from around the world)로, 이것이 바로 캐나다의 문화적 다양성의 원천이다(Jean Lock Kunz and Stuart Sykes, 2007: 3). 다른 말로 한다면, 이러한 다양성의 원천은 사회 갈등의 주요 원인이 될 수 있으며, 캐나다 사회통합의 정책적 과제이기도 하다.

이 주요 과제들은 저마다의 역사성과 고유성을 가지고 있기 때문에 동일한 과제들이 전 캐나다에 일관되게 적용되는 것 역시 아니다. 예컨대, 원주민과의 사회통합은 전 캐나다에 적용되는 문제이지만, 영국과 프랑스 협정 그룹의 통합 문제는 퀘벡 주에 집중된 것이다. 또한 세계 도처에서 오는 이주민의 통합 과제 역시 지역마다 다양한 양상을 드러내고 있다. 인종과 이주의 방식 및 다른 세력과의 관계 속에서 거주가 결정되기에 다양한 문화가 존재한다는 사실 자체는 같지만, 퀘벡 주와 브리티시 콜롬비아 주의 사회통합의 구체적인 내용과 방식은 해당 지역의 문화적 다양성을 담을 수밖에 없다. 그러나 캐나다 연방정부는 지역별로 차이를 가질 수 있는 사회통합의 내용을 연방 차원에서 관리하고 있는데, 이로 인해 캐나다의 일관된 다문화주의 정책은 전 캐나다를 하나의 맥락으로 통합하고 동일한 가치를 유지하고 있다.

다문화주의를 향한 첫 걸음

앞에서 서술하였듯이 캐나다의 사회통합은 미국 방식에 대한 통찰로부터 시작되었다. 20세기 초에 이미 완성된 미국의 용광로 정책(melting pot policy)을 지켜보면서 캐나다는 그들의 방식을 고민하지 않을 수 없었다. "미국의 연방정부는 주 정부의 강한 충성심을 즐기고…… 아메리카 드림을 쫓는 사람들이 미국 사회에 안정적으로 결합하며 미국인의 기준과 가치로 소통하고…… 낮은 지위와 형편에도 불구하고 우리는 미국인이라는 we-feeling으로 넘쳐나는 것……"(Reva Joshee and Lauri Johnson, 2007: xi)이라고 묘사되는 미국의 용광로 정책을 캐나다는 도저히 흉내 내기 어려웠다. 사실 용광로 정책은 미국 내의 모든 이주민들이 그들의 고유문화를 포기하고 지배적인 문화인 백인, 앵글로-색슨, 프로테스탄트(WASP) 중심의 문화로 '미국화'되는 것을 의미했다.

그러나 캐나다 연방정부는 미국 연방정부처럼 강력하지 않았다.

더구나 그들이 가진 '지역적 갈등, 특히 퀘벡 문제와 문화의 다양성, 경제 의존성, 세계에서 가장 강력한 국가와 가장 긴 국경을 가진 인접성, 증대하는 개인주의'(Reva Joshee and Lauri Johnson, 2007: vii) 등으로 미국과의 분명한 차이를 인식해야만 했다. 그리하여 다른 방식을 모색하게 된 것이 캐나다의 다문화주의이다.

이러한 전반적인 배경뿐 아니라 미국의 다문화 경험 역시 구체적으로 캐나다에 영향을 미쳤다. 캐나다는 미국의 실험으로부터 많은 교훈을 적극적으로 끌어들였다. 예컨대, 제2차 세계대전으로 미국은 충성스러운 군인이 요구되었고, 군수 산업 현장에서 묵묵히 일해 줄 충실한 노동자가 절실했다. 루즈벨트 미국 대통령은 다음과 같은 말로 전시의 급박성을 드러내며 인종을 초월한 미국적 가치를 역설하였다. "미국인이 된다는 것은 마음과 열정의 문제이지, 인종이나 조상의 문제가 아니다. 이는 미국이 기초해 있고 미국이 운영되어가는 원리이기도 하다"(최재인, 2009: 77). 전시 상황이던 1939년 미국 CBC 라디오는 '모든 미국인은 이주민(Americans All, Immigrants All)'이라는 시리즈를 방송하며, 다양한 이주민들의 이야기로 만들어지는 미국인의 정체성을 전국에 방송하였다(Reva Joshee and Lauri Johnson, 2007: 43). 흑인의 참정권이 1960년대에야 보장된 것을 생각한다면 매우 혁신적인 프로그램이 아닐 수 없었다.

이 시기에 캐나다도 수많은 군인이 영국군의 이름으로 전선에 나간 것은 물론 군수산업의 호황을 누렸나. 또한 위와 같은 성격의 프로그램인 '모든 캐나다인(Canadian All)'이 1940년대에 등장하여(Reva

Joshee and Lauri Johnson, 2007: 7) 문화적 차이에도 하나의 가치를 찾아가는 과정, 특히 당시 캐나다인들이 선호하지 않던 아시아계나 남미계 이주민의 생활과 사회 기여 과정을 그들의 입을 통해 방송하는 등 미국의 선례가 캐나다 사회에 그대로 재현되기도 하였다.

늦추기 어려운 사회통합 과제 그리고 다문화주의

캐나다 사회에 사회통합의 대안이 요구되던 1960년대 말은 퀘벡 분리주의 운동으로 인해 캐나다 연방 전체가 도전에 직면해 있던 시기였다. 여기에 경제 성장 가속화와 보편적 인권 의식의 성장이라는 상황까지 직면한 캐나다 사회는 사회 전체를 아우르고 캐나다인들이 공감하고 지지할 수 있는 사회적 가치를 창출해야 하는 상황이었다. 이때 제기된 것이 바로 '이중 언어정책(bilingual language policy)'이었다. 지금은 다문화정책이 매우 광범위하게 사회 모든 영역 전반에 보다 정밀하게 다가가지만, 최초의 다문화정책은 바로 언어정책, 즉 소통과 사고의 다양성에 대한 인정으로부터 시작하였다는 것은 근대적 접근 방식과 다른 새로운 양상이라고 할 수 있다.

다문화정책의 원형이 이중언어정책으로부터 나왔듯이, 다문화정책이 출발하던 1970년대 캐나다의 상황은 오늘날 캐나다 사회 전반에 영향을 미치는 가치를 만드는 제반 환경이 되었다. 낡은 사고에 기초한 이민정책과 사회통합을 수정해야 하는 상황에서 캐나다 사회를 현실에 부응하는 사회로 개혁하는 역할은 당시 수상인 피에르 트뤼도(Pierre E. Trudeau)의 주도로 이루어졌다. 그는 1969년 퀘벡 분리주의 운동이 극에 달하던 시점에 퀘벡 주민을 설득하여 분리를 막는 대신 이중언어정책을 골자로 하는 공용언어법(Official Languages Act)을 제정하고, 1971년 다문화주의를 공식 선언하였다.

이후 다문화주의는 이민법 개정(Immigration Act, 1976), 시민권법 제정(Citizenship Act, 1977), 캐나다 권리와 자유 헌장 제정(Canadian Charter of Rights and Freedoms, 1982), 노동 평등법 제정(Employment Equity Act, 1986), 다문화주의 법(Canadian Multiculturalism Act, 1988), 이주민과 난민 보호법(Immigration and Refugee Protection Act, 2001)을 통해 법과 제도적인 장치를 구축하였다(Citizenship and Immigration Canada, 2012). 또한 2002년에는 6월 27일을 다문화주의 날(Canadian Muticultural Day)로 지정하고 전 캐나다에서 대대적인 기념을 하는 등 시민의식을 완성해 나갔다.

캐나다는 다양성이라는 것을 위험 요인으로 보고 있지 않다. 다양성을 자원으로 인식하는 캐나다는 다양하지만 화합하는 사회를 지향하고 있다. 시민이민부의 지원에 의해 진행된 다문화사업인 20 Years of Changing the Face(2011)의 모습(Multiculturalism, 2011b: 17).

[그림 2-9] 다문화정책의 지원을 받은 공동체 프로그램의 한 장면

4. 캐나다의 실험, 다문화주의

다문화주의를 추동한 캐나다 사회 역학

가치로서의 다문화주의를 정책화한 트뤼도 전 수상이 집권했던 1968년부터 1984년 사이에 캐나다는 다문화주의적 사회통합의 내용들을 차근차근 쌓아 나갔다. 비록 집권 기간 내내 경제 정책의 실패로 많은 비난을 받았지만, '정의로운 사회(Just Society)'를 내세운 그의 국민 통합 행보가 오늘날 캐나다의 정체성을 형성하는 데 중요한 기반이 되었음은 분명하다.16)

캐나다 다문화정책은 그의 집권과 정책 방향에 따라 크게 세 가지 특성으로 정리될 수 있다. 첫째는 캐나다 사회통합으로 다문화주의는 보편적 인권 문제와 함께 제기되고, 단순한 인종 문제가 아니라 보편 인권의 차원에서 다루어졌다는 특징이 있다. 캐나다의 다문화주의가 400년 가까운 갈등의 축인 프랑스와 영국계 이주민의 역사로부터 발생한 퀘벡 분리 독립운동에 의해 촉발되었지만, 단순히 영국계와 프랑스계의 문제로 국한되지 않았다는 것이다. 즉 원주민,

---

16)The Canadian Encyclopedia
(http://www.thecanadianencyclopedia.com/articles/pierre-elliott-trudeau)

여성, 성소수자, 아동 등 인류 보편의 인권 문제를 백인 남성 중심의 영국계 주류 문화 안에 함께 제기함으로써 다문화주의에 역사적 상처와 문화적 갈등 문제를 넘어 사회적 이상에 다가가려는 노력을 결합하였던 것이다. 또한 1982년 개인 권리의 보호를 명시한 '권리와 자유헌장'은 여성·원주민 등 사회적 약자의 권리를 뚜렷이 명시하였고, 캐나다인은 '인종·출신국·민족·피부색·종교·성별·연령 또는 정신적·신체적 장애 등의 차별 없이 법에 의해 동등한 보호를 받을 권리'가 있음을 천명하였다.

둘째로, 캐나다의 다문화정책은 캐나다 자본주의의 발전 방향과 그 궤를 같이 하면서 성장하였으며, 이민정책과 궤를 같이 하지만 사회통합으로의 독자성을 갖는다는 점이다. 캐나다 다문화주의가 퀘벡 분리주의 운동이라는 성장 배경을 가지고 있지만, 그것이 유일한 배경은 아니다. 1960년대 경제 성장 당시의 노동력 부족은 그것이 일시적 현상이 아니라 장기적이고, 심지어 영구적인 문제로서 국가 공동체의 번영은 물론 생존의 기초조차 만들기 어렵다는 인식이 확대되어 있었다. 당시 집권 보수당의 수상이 "인구 증가냐 소멸이냐" 라고 외칠 정도로 노동력 수급은 절실한 문제였으며(최순영, 2012: 4), 미국이라는 강력한 이주민 유입 국가로 인해 캐나다의 고급 인력이 미국으로 유출되는 것도 저지하기 어려운 상황이었다. 실제로 캐나다는 전 세계적인 두뇌 유치(brain gain) 국가인 동시에 전통적으로 미국에 고학력 두뇌가 유출(brain drain)되는 국가로서, 인적 자산의 주요 공급 국가이자 수급 국가이다(문영석, 2005: 105). 따라서 캐나다는 일반적인 서구 국가들이 주로 3D 업종의 노동인구를 유입하였던 것과 달리 기술 고급 인력을 필요로 하였다. 미국으로 유출된 고급 인력을 채울 제3세계의 우수 인력 및 자본을 끌어 들일 수 있는 제도로 1967년 도입된 이민 점수제도(point System)는 이주를 원하는 이들에게 캐나다에 유효한 기술 취득과 경력은 물론 캐나다에 적응하는 데 필요한 언어능력, 학력, 적응력 등을 요구하고 있다. 이를 점수로 환산하여 이민 기준에 충족되었을 때 영주권이 나오며 시민권을 취득하기 위해서는 일정한 필기시험을 필요로 한다.[17] 물론 캐나다 현지 투자를 전제로 하는 이민 등에 대해서는 요건이 대폭 완화되어 있어, 캐나다로의 부의 유입 역시 적극적으로 유도하고 있다.

셋째 캐나다의 다문화주의와 정책은 다양한 인종과 문화가 공감할 수 있는 가치와 이념을 포괄하는 보편적인 사회상을 담는다. 피에르 트뤼도 수상 재임 시절 이주민들이 선호하는 이민 환경을 만든 과정은 바로 캐나다의 가치와 이상을 보다 분명히 제시하고, 이를 전 캐나다에서 공감하는 과정과 일치했다. 캐나다는 약한 연방 제도로 인해 동부 지역과 서부 지역 간의 격차가 크며, 캐나다 전역을 가로지르는 일치된 이념이 약한 나라이다. 1960년대에 캐나다는 국가 정체성과 캐나다인의 가치가 무엇인지를 강력히 요구받았다. 캐나다는 1965년 오랜 논쟁 끝에 정식으로 캐나다의 국기를 결정하였고, 1980년에 가서야 캐나다 국가인 ‘오! 캐나다’를 결정하였다. 캐

17) Citizenship and Immigration Canada (http://www.cic.gc.ca/english/immigrate/skilled/apply-factors.asp)

나다 건국 100주년을 맞은 1967년은 몬트리올 엑스포(EXPO '67) 개최를 통해 캐나다인의 자부심이 최고조에 달하였고, 캐나다의 미래상을 만들어가야 한다는 의욕이 충만한 시기였다.[18] 설사 이데올로기적 허구일지라도, 다양한 인종과 문화를 포괄하는 가치를 담는 사회상과 대다수가 공감할 수 있는 미래상을 만들어가는 과정 자체가 바로 다문화주의적 사회통합을 구축하는 것과 일치하며, 이는 신규 이주민 유입을 위해 이주민들이 선호하는 환경으로 꾸준히 변화되어 가는 과정이기도 하였다.

1968년에서 1984년까지 중간의 1년을 제외하고 캐나다 수상을 역임한 피에르 트뤼도는 다문화주의를 국가 이념으로 수립하였다. 그는 수상 재임 이전 1967년 법무장관을 지낼 때 낙태와 동성연애를 합법화하였고, 1977년 캐나다 인권법안을 제정함으로써 성별에 근거한 차별을 금지했으며, '동일 노동에 동일 임금' 개념을 모든 일자리에 확대 적용하는 등 캐나다의 가치를 정립하는 데 기여하였다.

[그림 2-10] 피에르 트뤼도 수상

다문화주의의 확산과 성장

이러한 역사적·경제적·사회적·정치적 함수는 최소공배수를 찾

18) Canada, Apeople's history
(http://www.cbc.ca/history/SECTIONSE1EP16CH1LE.html)

는 방식보다는 최대공약수를 찾는 방식의 다문화주의로 집결되었으며, 캐나다를 하나의 국가 공동체로 만드는 역할을 함과 동시에 다원화된 현대사회의 코드를 내부에 장착하게 하였다. 물론 이러한 사회통합이 처음부터 완성된 틀로 자리하지는 않았다. 1971년 다문화주의를 선언한 이후에도 캐나다의 사회통합으로서의 다문화정책은 지속적인 논쟁과 이슈를 만들고, 사회제도와 교육정책 그리고 각종 사회의식으로 자리 잡기까지 오랜 학습과 단련 기간을 거쳐야만 하였다. 이를 프레러스와 컨즈(Fleras, A and Kunz, Jean)는 다음의 표로 설명하는데, 초기 문화적 갈등을 해소하고자 하는 노력에서 차츰 사회 전반을 개혁하고, 사회 내로 신념화 시키며, 다시 새로운 가치를 만드는 방향으로 진전되었음을 알 수 있다.

〈표 2-7〉 캐나다 다문화정책의 발전 현황

	인종 다문화주의 Ethnicity Muticulturalism (1970년대)	평등 다문화주의 Equity Muticulturalism (1980년대)	시민 다문화주의 Civic Multiculturalism (1990년대)	통합 다문화주의 Integrative Multiculturalism (2000년대)
정책 초점	다양성 찬양	다양성 운영	건설적 포용	포괄적 시민권
정책 기준	문화	구조	사회 건설	캐나다적 정체성
정책 요구	인종	인종 관계	시민의식	통합
정책 범위	개인적 적응	수용	참여	권리와 책임
정책 과제	편견	구조적 차별	배제	접근의 불평등/문화 충돌
정책 방향	문화적 감수성	고용 평등	포용	대화/상호 이해
정책 은유	Mosaic	Level playing field	Belonging	Harmony-Jazz

* 출처: Fleras, A. and Kunz, Jean(2001); Kunz, Jean and Sykes, Stuart(2007: 6) 재인용; 박진경(2012: 33) 재구성.

캐나다 다문화주의에 대한 찬사와 비판

캐나다의 사회통합이 모두에게 긍정적으로 평가되는 것은 아니다. 우선 캐나다의 다문화주의는 영국계와 프랑스계 이주민의 해묵은 갈등을 완화하기 위한 일종의 정치적 행위에 불과하다는 비판에서 자유롭지 못하다. 캐나다의 다문화주의가 원주민, 여성, 성소수자, 아동 등 인류 보편의 인권 문제를 백인 남성 중심의 영국계 주류 문화 안에 제기하고 있음에도 통치를 위한 권력의 본질은 다르지 않다고 보는 것이 비판의 핵심이다.

또 다른 중요 비판 중의 하나 역시 다문화주의의 본질에 관한 것이다. 문화의 다양성을 존중하며 자국 언어(mother tongue)와 역사적 유산(historical heritage)을 유지한다는 것은 캐나다 공식 사회에 영구히 진입할 수 없다는 것을 의미하며, 결국 자신의 문화적 유산을 지키며 살 것인가 아니면 캐나다 사회에 적극적으로 뛰어들 것인가의 문제에 봉착하게 된다는 것이다. 하나의 공동체이며 공동체 성원의 공식 언어가 엄존하는 국가 체계 속에서 자국 언어를 유지한다는 것은 영원히 하층민으로 살아가는 것을 의미하며, 자국 언어와 공식 언어를 두루 통용하는 이중 언어 체계 역시 실상은 공식 언어를 통해 결국 통합과 동화의 길로 들어서는 결과를 낳는다는 것이다. 이 역시 캐나다 다문화주의의 위선일 수 있다는 비판에서 비롯된다.

마지막으로 투자 이민과 강력한 점수제로 제3세계의 우수 두뇌를 유치하는 것은 캐나다 다문화주의 사회통합이 가진 이기성이라는 주장이 존재하고 있다.

〈표 2-8〉 2008년도 OECD국가의 난민 보호 결정 사항

국가	신청자	2008년 상황				
		긍정		거부	기타	합계
		관례적처우	보호대상자			
그리스	33,252	358	21	23,345	380	24,104
노르웨이	20,505	1,150	2,582	8,357	2,292	14,381
뉴질랜드	387	139	-	262	12	413
네덜란드	13,399	515	5,161	5,247	-	10,923
독일	28,018	7,291	562	6,761	6,203	20,817
덴마크	2,360	306	360	820	-	1,486
룩셈부르크	809	73	342	504	179	1,098
멕시코	317	101	-	105	142	348
미국	39,362	16,742	-	28,407	29,337	74,486
벨기에	17,115	2,696	332	8,126	824	18,069
스페인	4,517	151	126	2,289	2,614	5,180
스웨덴	40,490	1,930	7,096	28,411	4,612	42,049
스위스	16,606	2,261	4,327	4,483	4,318	15,389
슬로바키아	910	22	65	414	452	953
아이스랜드	99	4	7	20	54	85
아일랜드	6,756	588	-	4,970	1,325	6,883
영국	30,547	4,752	2,327	14,000	5,494	26,573
오스트레일리아	7,324	1,845	-	4,484	330	6,659
오스트리아	12,841	3,753	1,628	7,968	3,605	16,954
이탈리아	30,324	1,785	8,234	10,379	1,049	21,447
일본	2,100	60	360	1,095	121	1,276
체코	2,719	220	138	1,885	1,072	3,315
캐나다	34,800	7,554	-	6,784	3,774	18,112
터키	13,811	8,646	-	679	2,558	11,883
포르투갈	161	12	70	41	-	123
폴란드	7,745	193	2,590	1,608	5,791	10,182
프랑스	42,599	9,648	1,793	26,648	-	38,089
핀란드	4,016	94	698	240	973	2,005
한국	364	32	22	77	99	230
헝가리	3,118	160	130	395	1,483	2,168

* 출처: Paloma Bourgonje(2010: 22~23).

가난한 나라의 고급 인력을 이미 선진화된 캐나다에 유입함으로써 자연 자원뿐 아니라 인적 자원마저 독식한다는 비판이 그것인데, 이 또한 고귀한 이념과 인정의 가치로 포장된 제3세계 착취라는 혹독한 비판의 대상이 되는 내용이다.

이러한 비판은 캐나다 다문화주의에 대한 오해에서 출발하기도 하고, 근대적인 국가 체계라는 한계에서 연유하기도 하며, 다문화주의가 가진 양면성을 날카롭게 비판하는 내용이기도 하다. 캐나다 정부도 그러한 비판을 의식하여 국제적인 구호 사업이나 난민 인정 등에서 매우 적극적인 자세를 보이는 등 일국 내 다문화주의의 한계를 극복하려는 노력을 꾸준히 하고 있다.

그러나 캐나다 내부에서는 다문화정책에 대한 평가가 매우 긍정적으로 나타나고 있다. 수많은 부정적인 이슈가 양산되고 유럽 사회에서 보이는 다문화정책의 한계에도 불구하고 캐나다는 유럽을 모델로 하고 있지 않다는 자신감을 보이고 있다. 도리어 64퍼센트의 캐나다인들은 모든 캐나다인들이 단일한 관습과 전통을 갖는 것이 캐나다 사회에 이롭지 않다는 생각을 하고 있다. 또한 이주민들이 캐나다 사회에 중요한 공헌을 했다는 것에 80퍼센트 이상이 동의하고 있으며, 이는 해마다 그 동의 정도가 상승하고 있다. 유럽에서 다문화정책이 퇴조하고 세계적인 불황이 가속화되고 있는 2000년 후반에도 이러한 현상이 계속되고 있다는 점에 주목할 필요가 있다.

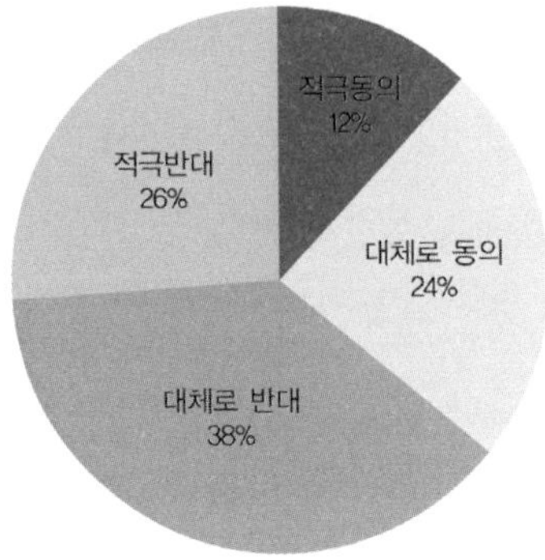

출처: Stuart Soroka and Sarah Roberton(2012: 10).

[그림 2-11] 캐나다의 단일문화에 대한 의견

캐나다인의 다문화적 사회통합에 대한 긍정적 인식 태도는 다른 국가와 비교할 때 보다 분명하게 알 수 있다. 전 세계적으로 적극적인 이민정책을 취하는 북서 유럽 중심의 다른 8개국과 비교한 〈표 2-9〉를 보면, 캐나다인들은 다문화정책이나 이주민에 대한 인식에 있어 가장 호의적인 태도를 보이고 있다. 또한 다른 유럽국가에 비해 2~3배 더 긍정적이거나 2~3배 덜 부정적인 양상으로 그 정도 차이가 분명히 보임을 알 수 있다. 특히 일반정책 항목에 대한 설문이 아닌 무슬림 이웃 혹은 이주민 이웃에 대한 거부감을 물은 항목에서 매우 낮은 응답이 나온 것은 주목할 만한 일이다. 9·11 이후 이슬람에 대한 경계가 한층 강화된 북미 대륙임에도, 무슬림에 대한 거부감 역시 가장 적게 드러나는 것은 캐나다 다문화주의의 성공적인 결과라고 하지 않을 수 없다.

〈표 2-9〉 이민정책과 이주민들에 관한 캐나다와 다른 8개국 여론

(단위 : %)

	이민정책 축소 희망	이주민 범죄 증가	이주민이 경제에 부담	이주민 현지 적응 필요	무슬림 이웃에 대한 거부감	이주민 이웃에 대한 거부감
네덜란드	69.9	47.8	73.3	87.8	12.2	5
노르웨이	71.3	79	69.5	79.8	19.3	9.8
독일	70.3	62.6	71.4	64.2	12.5	11
미국	56.3	26.8	54.5	52.6	10.9	10.2
스페인	51.5	57.6	50.8	68.1	13.2	10.2
스웨덴	57.8	57.2	55.7	84.7	9.2	2.9
영국	77.8	39.8	78.4	75.3	14.1	15.1
오스트리아	61	68.8	61.8	67.5	15.2	12.7
캐나다	32.2	27.2	37.4	71.1	6.5	4.5

* 출처: Edward Koning and Keith Banting(2011: 366).

5. 다문화주의의 정책화

다문화 이념이 옮겨진 생활의 장, 문화

캐나다의 사회통합은 문화적 인식에서 시작하여 경제적 분배 그리고 사회적 비전의 공유로 이어졌고, 이것을 외부로부터 호명되는 과정까지 조직화하여 캐나다인의 사고와 사회에 구조화되었다. 일단 문화적 인식에 기초하는 것은 존재의 인정이며, 다양한 정체성의 공존을 의미한다. 캐나다 사회에서 영국계와 프랑스계, 이주민과 원주민, 선발 이주민과 후발 이주민의 다양한 갈등은 사실 역사적·경제적·사회적·정치적인 맥락에서 독해될 수 있는 것으로 매우 복잡한 양상을 띠고 있다.

사회 갈등은 오랜 세월 동안 진행되며, 같은 역사적 사실에도 갈등을 빚는 주체들은 다른 이해를 하기 마련이다. 예컨대, 영국계 이주민들이 프랑스계 이주민을 현재의 노바스코샤에서 강제 추방한 과정은 이들이 미국 독립전쟁에 동조하여 문제가 확산될 것을 우려한 영국 식민당국의 불가피한 결정이라고 볼 수 있다. 프랑스 이주민들이 미국 독립전쟁에 동조하게 될 경우 전선이 북미대륙 전반으로 확대될 상황이었으며 미국 독립운동 세력 역시 이를 기대하였다. 그러나 이 불가피함이 프랑스 이주민들에게는 잊을 수 없는 절망과 고통이었다. 프랑스 이주민들에게 이것은 치유되기 어려운 고통의 역사였기 때문에 이에 대한 치유 없이 사회통합의 자리에 나서기는 쉽지 않은 일이었다. 캐나다 다문화정책 역시 초기에는 이러한 세밀한 부분까지 접근하기는 어려웠다. 그러나 연방정부가 정책의 방향을 주도하고 학계와 현장을 결합하면서 다양한 문제의식을 양산하기 시작하였다. 정부는 하나씩 들춰지는 편견과 차별에 대해 공식적으로 사과하였고, 교과서와 미디어 등을 통해 사회적 교훈으로 수용되었다.

경제적 갈등 역시 오랜 역사를 통해 이미 기득권화되었기 때문에 경제 환경을 바꾸는 것은 쉬운 문제가 아니었다. 그러나 캐나다는 사회적 분배제도의 도입을 위해 노력했다. 1941년부터 1970년대 캐나다 사회는 경제 성장과 사회적 분배 문제가 광범위하게 진행된 시기로, 특히 1960년대는 서구 사회의 일반적인 경우와 마찬가지로 고도성장의 결과를 어떻게 사회화 할 것인가의 이슈를 가지고 사회복

1944년부터 1960년까지 서스캐처원 주의 수상이었던 토미 더글러스는 무상 의료보험 제도를 포함한 사회민주주의적인 제도를 도입하여 성공함으로써 전 캐나다에 확대하는 계기를 만들었다. 캐나다인들이 가장 자부심을 갖는 의료보험 제도, 캐나다인에게 가장 위대한 인물로 꼽히는 토미 더글러스는 다문화주의를 수용한 캐나다 사회의 정서와 가치에 깊은 영향을 끼쳤다.

[그림 2-12] 토미 더글러스 서스캐처원 주 수상

지 제도가 정착되기 시작했다.[19] 예컨대, 캐나다인의 자부심 중 하나인 캐나다 공공 의료보험 제도가 1961년 서스캐처원 주의 제도로 도입되어 성공적으로 실행되자 연방정부는 이를 전국에 확대하고자 노력했고 연방정부의 강력한 의지에 의해 1966년 전국적으로 확대 시행되었다. 이러한 사회 정책과 공평한 나눔을 모색하는 각종 제도는 다문화주의 이상과 많은 부분 일치하는 것이기도 하였다.

사회적 · 정책적 맥락의 사회 개혁은 트뤼도 전 수상이 가장 역점을 두고 진행한 '정의로운 사회(Just Society)'와 맥을 같이하는 부분이다. 관습법 체계를 가지고 있던 캐나다 사회는 다문화주의를 선언한 이후 1982년 헌법에 해당하는 '캐나다 권리와 자유 헌장'을 제정하고, 시민권이나 이민, 노동 등과 관련된 각종 법적 기준을 만들면서 사회통합의 기준선을 갖게 되었다. 다문화정책이 논의되고 시행된 시기는 캐나다가 경제 성장을 이루고 국가로서의 자부심이 드높아진 때로서 해묵은 문화, 인종의 갈등과 노동력 부족을 좀 더 관용적인 태도로 대처할 수 있는 사회적 · 경제적 · 정치적 여건이 성숙되어 있던 시기였다.

이 시기에 캐나다는 국제 사회에서도 일정한 역할을 수행하기 시작했는데, 피에르 트뤼도 수상을 법무장관으로 임명했던 전임 수상 레스터 피어슨(Lester Pearson)은 국제사회에서 캐나다의 역할을 평화유지자(peace keeper)로 설정하는 데 결정적인 역할을 하였다. 이것은

---

19) The Canadian Encyclopedia
(http://www.thecanadianencyclopedia.com/articles/welfare-tate)

캐나다 사회가 스스로 규정한 자기 정체성을 외부 세계에 알리고, 다시 외부로부터 인식되는 데 중요한 역할을 했으며, 이러한 국가 이미지에 대한 캐나다인의 자부심 역시 다문화주의의 성숙에 매우 중요한 역할을 하였다.

1963년에서 1968년까지 캐나다 수상을 역임한 레스터 피어슨(Lester Pearson)은 7대 유엔사무총장을 지냈다. 강대국들의 일방적 의지로 세계 질서가 유지되는 것을 피해 유엔 중심의 분쟁 해결을 주도하여 1957년 노벨평화상을 수상했는데, 그가 주도한 평화유지 활동은 캐나다의 국가 정당성과 도덕성을 높이는 데 중요한 역할을 하였다.

[그림 2-13] 레스터 피어슨 캐나다 수상

첫 번째 다문화정책인 언어정책이라는 코드

역사적 · 경제적 · 사회적 · 정치적으로 복잡한 맥락을 가진 다문화주의, 그리고 이에 기초한 사회 개혁은 쉬운 것이 아니었다. 캐나다는 그것을 언어정책으로부터 시작하였다. 다문화정책이 사회제도에 관한 논의를 중심으로 이루어진 다른 나라의 경우와는 달리 캐나다의 다문화정책은 이중언어정책으로부터 출발하였으며, 이것은 캐나다 사회통합 정책의 독특한 출발을 의미한다.

언어[20]라는 개념은 근대적 관념에서 중요하게 여기는 '생산'과

20) 이념의 대립이 극심했던 근대사회가 탈근대적 장으로 이동하는 데 언어라는 문화적 요소는 매우 중요한 착안점이 되었다. 실제 1960년대 서구 사상계는 소쉬르(Ferdinand de Saussure)의 언어학에 영향을 받은 구조주의(structuralism)

'계급'이라는 사회 변혁 이슈 안에서 소홀히 취급되었지만, 1960년대 탈근대적 이념의 출발이 되었던 요소이다. 언어는 언어 공동체의 구성원들이 언어 체계의 규칙들과 약속을 공유하고, 이를 통해 문화가 만들어지고 발전·전승되므로 흔히 '문화를 담는 그릇'으로 은유되는 무형의 틀이다. 캐나다의 사회통합정책으로서 다문화정책이 언어정책으로부터 출발하였다는 것은 바로 개인과 집단이 가지고 있는 문화적 체계와 상징을 인정한다는 것을 의미했다. 그것을 인정하는 동시에 하나의 국가 공동체를 유지하고자 한 것은 캐나다 사회 전체가 높은 수준의 문화 수용성과 감수성을 만들 의지가 있으며 또 그럴 만한 능력이 있다는 자부심이기도 했다. 다시 말해 캐나다 사회 전체가 다양한 문화 체계와 상징체계에 대한 높은 이해력을 지닌 고단위 문화 감수성

문화적 유산 중에서 가장 핵심적인 것을 언어라고 말한다. 따라서 캐나다 다문화주의의 핵심은 언어를 통한 문화적 정체성을 유지하는 것이며, 이런 문화들의 공존이다. 캐나다 사회에서는 모국어를 구사하도록 끊임없이 독려한다.

[그림 2-14] 자국언어 사용을 독려하는 행사 포스터

와 프랑크푸르트 학파(Frankfurt School)로 대변되는 네오 마르크스주의자들의 문화적 인식 그리고 문화의 범위와 층위를 인식한 버밍햄 학파(Birmingham school) 등 문화를 사회·경제 구조 안에서 독해하는 탈근대적 사상이 급격히 확산된 시기이다. 제 사상들이 각기 대립적인 요소를 가지고 있더라도 문화로 접근하고 이를 통해 인간과 사회를 이해하려는 노력은 동일한 것이다.

사회로 전환하는 것을 의미하며, 이를 통해 하나의 미래 비전을 가진 국가 공동체를 만들 수 있다는 것이 캐나다 다문화주의 실험의 요체이다.

다문화주의 이념을 공유하는 대중 언어 '인정'과 '인권'

이러한 탈근대적 사고의 전환을 뒷받침해준 정치철학자가 바로 캐나다의 대표적인 철학자이자 진보적 정치지도자인 찰스 테일러(Charles Taylor)로, 그가 주장한 인정의 정치학(the politics of recognition)은 캐나다 다문화정책의 기초가 되는 이념이기도 하다. 캐나다의 사회통합 정책으로서의 다문화주의는 캐나다인으로서의 사회경제적 평등 혹은 기회의 평등이라는 것을 포괄하며 개인의 존재와 문화를 인정하는 것에서 출발한다. 이것은 곧 자기정체성을 유지하면서도 다른 존재와 함께 살아가는 지혜를 끌어내야 한다는 당위에 서게 되는데, 이 때문에 캐나다 다문화정책에서 주요하게 취급되는 이슈는 '문화적 유산(cultural heritage)'이다. 다시 말해서, 사회통합을 위한 다문화정책의 본질은 개인이 가진 자기정체성을 인정하는 것이며, 이는 개인의 문화적 유산인 언어, 역사, 종교, 전통 등을 유지할 수 있는 권리를 말한다. 실제 이러한 문화적 유산은 제도 교육의 전 교육과정이나 미디어와 예술의 주요한 자원으로 다루어지고 있는데, 캐나다를 구성하는 모든 이주민의 문화적 유산을 인정한다는 것은 곧 인류 문화 전체를 인정하는 것으로 해석되고 있다. 그렇기 때문에 모든 캐나다인들은 이러한 정신에 입각한 수많은 인류 문화유산과 정보, 그리고 다양한 콘텐츠를 학령기에서부터 배우고 체득하며 미디어 등을 통해 24시간 접하며 산다고 할 수 있다.

한편 특정한 문화적 유산을 가진 사람 역시 캐나다 공동체가 이미 합의를 이룬 체제, 즉 민주주의 정치 체계와 자본주의적 경제 체계를 받아들이는 것이 전제된다. 예컨대, 캐나다 사회에서는 이슬람 여성 억압의 상징인 부르카(burka)를 입은 여성을 발견하기가 어렵지 않다. 그러나 이 여성에게 민주주의적 권리와 자본주의적 기회를 억압하는 일체의 전통적 관습은 불법에 해당하여 문화적 유산의 범주로 취급되지 않는다는 것이 캐나다 다문화주의의 기본적인 사고이다. 물론 선진적인 민주주의 국가인 캐나다에서 여성을 억압하는 이슬람 전통이 존중받아야 하는가의 문제는 중요한 이슈로 제기되어 많은 토론과 논쟁이 되어 왔으며[21] 현재도 구체적이고 내밀한 부분에서 여전히 문제가 발생되고 있다. 그러나 논의는 캐나다 사회가 가진 허용과 관용은 사회를 존속하게 하는 기본 가치를 저해하는 특정 문화적 요소까지 인정하거나 인간이 가져야 할 기본 권리로서 사회 전체가 합의한 내용까지 침해하는 것을 의미하지 않는다는 방향으로 전개되어왔다.

또 다른 예로, 밴쿠버 지역에는 많은 인도인들이 건설업에 종사하고 있는데, 본국에서 주로 높은 신분(caste)을 가진 인도인들이 낮은 신분의 다른 인도인들을 고용하는 경우가 많다. 다문화적 전통을 인

---

21) 수잔 몰러 오킨(Susan Moller Okin)이 「다문화주의가 여성에게 나쁜 것인가? (*Is Multiculturalism Bad for Women?*)」에서 다문화주의와 비민주적 문화유산 간의 갈등에 대해 보다 심도있게 접근하였다.

정하는 캐나다지만 이 과정에서 집단 내적으로 신분적 억압이나 갈등이 있다면 이는 다문화적 존중의 대상이 아니라 법적 조치의 대상이 된다. 이것이 바로 캐나다의 가치이며 시민의식으로 취급되는 요소인데, 캐나다의 모든 공적 생활은 이러한 인권 의식과 다문화 의식이 조화롭게 표현되도록 요구되고 있으며, 캐나다인들은 이것을 캐나다의 가치로 받아들이고 있다. 캐나다의 이러한 사고방식은 사회통합 정책을 다루는 행정 영역에서 분명하게 드러나는데, 캐나다의 전 공공 영역은 이러한 캐나다의 가치를 구현하는 데 역점을 두고 있다.

캐나다의 초등학교 게시판에 붙어 있는 벽보이다. 왼쪽 상단에 '왕따는 우리 학교에서 허용되지 않는다'라고 쓰여 있다. 또한 초등학생들에게 자신들의 권리를 주지시켜주고 있는데, 그것은 교실에서 안전감을 가질 권리, 압박을 느끼지 않을 권리, 놀림이나 희롱 당하지 않을 권리, 실수를 용서받을 권리, 존중받을 권리, 그냥 자신을 용납 받을 권리 등이다. 다문화주의의 원리는 민주주의 원리와 크게 다르지 않은 것이다.

ⓒ최혜자, 2012

[그림 2-15] 초등학교에 부착된 포스터.

다문화주의를 국가 이념으로 채택하고 있는 캐나다가 오랜 다문화주의 실험과 논의를 거치면서 터득한 다문화주의의 원리는 평등(equality), 다양성 존중(respect for diversity), 인권(human rights), 그리고 완전한 참여(full participation)이다(Jean Lock Kunz and Stuart Sykes, 2007: 3). 이것은 캐나다 다문화주의의 4대 원리에 해당되는데, 캐나다의 모든 공공 영역은 이러한 방향을 지향하고 있으며, 이것을 캐나다의 시민의식으로 인식하고 있다. 즉 캐나다에서는 다문화주의가 단지 이민정책이나 특정 프로그램을 의미하는 것이 아니라, 모든 캐나다인이 지켜야 할 기본 시민정신에 해당하는 것이다. 다문화주의적 민주 시민의식이 곧 캐나다의 시민정신인 것이다.

제3부

캐나다의 다문화정책 및 문화사업

1. 다문화정책의 수행 제도와 구조

캐나다 다문화정책에 접근할 때 범하는 오류

우리나라 연구자들은 다문화주의, 특히 문화정책과 관련된 캐나다 공공정책에 접근할 때 중대한 두 가지 난제에 부딪치게 된다. 그 첫 번째 난제가 캐나다 사회에서 다문화정책을 담당하는 정책 부서를 찾는 문제이다. 캐나다 사회에서 다문화주의는 기본적인 사회 이념이기 때문에 모든 정책이 다문화주의에서 벗어나 존재하지 않는다. 예컨대, 다문화적 문화정책에 접근하려면 문화 부처를 찾을 수밖에 없는데, 부처의 정책 기저에 다문화주의가 있다고 하더라도, 그들은 다문화주의를 별도로 다루고 있다고 인식하지 않는다. 따라서 다문화주의라고 명명된 정책을 다루는 시민이민부(Citizenship and Immigration Canada)를 소개받게 되는데, 이곳은 캐나다의 시민권 및 영주권 혹은 캐나다에 거주하는 제반 자격을 관리하는 부처이다. 이것은 다문화정책과 관련하여 캐나다 땅에 들어온 지 오래되지 않은 사람을 대상으로 하는 초기 다문화정책에 접목[1])되는 것을 의미한다. 때문에 시

1) 이것은 이민정책에 해당되는데 캐나다 역시 이민정책이 유연해졌다가 경직되기를 끊임없이 반복하며, 이는 정권의 성격에 따라 그 정도가 다르다. 2012년

민이민부의 사업만을 가지고 캐나다의 다문화주의를 이해한다면 캐나다 다문화주의의 한 면만을 이해하는 것이며, 그것으로 캐나다 사회의 다문화주의 전체를 이해하고자 할 경우 오독 가능성이 존재할 수밖에 없다.

또 다른 난제는 캐나다의 다문화정책 자체가 다양한 영역은 물론 문화적 코드를 통해 통합되어 있기 때문에 수많은 부처의 정책 안에 내장된 문화적 코드를 이해해야만 한다는 것이다. 뒤집어 이야기한다면, 캐나다의 모든 정부 부처에는 다문화주의에 입각한 사업이 존재하며, 다문화정책에 내장된 문화 코드를 이해하지 않은 채 다문화정책을 이해한다면 이해의 정확성이 의심된다는 뜻이다. 따라서 캐나다의 다문화정책에서 문화 분야만을 따로 떼어 이야기하기 어려운 점이 있음과 동시에, 캐나다의 다문화 프로그램을 살펴보면 거의 모두가 문화적 기초 위에 비슷한 프로그램들이 나열되어 있다는 생각을 지울 수가 없다. 문화적 코드는 사람의 삶에 관한 모든 발견과 소통을 의미하는 것으로 사람 사이의 관계 맺음이나 자연과의 교감을 통해 공동체의 내적 가치를 만든다. 따라서 구성원간의 상호 이해와 소통을 매주 중시하고 있다. 이것은 프로그램의 결과만 그런

현재 스티븐 하퍼(Stephen Harper)가 이끄는 보수당은 경직된 이민정책을 수립하고, 이민의 문호 자체를 좁히지는 않았지만 이민의 질에 대한 관리가 철저하다. 또한 시민권자, 영주권자, 이주노동자, 방문자까지 누리던 많은 해택을 영주권자 선까지만 통제하는 등 최근의 각종 법안 발효로 전반적인 경직 구조를 띠는 것이 사실이다. 그러나 이것을 가지고 사회통합 정책으로서 다문화주의가 후퇴했다고 보는 것은 사실에 접근되지 않는 이해이며, 그러한 징후는 찾아보기 어렵다.

것이 아니라, 과정이나 기획 단계 등 전 과정에서 문화적 감수성에 기초한 이해와 관계 맺음에 방점을 찍고 있다는 의미이다.

따라서 한국의 연구자들 중에서 문화 분야 연구자는 모든 것을 연구 대상으로 해야 할 것인지 한국 사회에 전달하기 쉬운 예술 분야로 축소할 것인지에 대한 고민에 빠지기 쉬우며, 문화 분야 연구자가 아닐 경우 자신의 분야에서 문화 코드를 제외시키는 수술을 감행해야 한다. 그래야만 한국의 정책 현실과 맞아 떨어지기 때문인데, 이는 결국 캐나다 다문화정책 이해에 오류를 유발하게 되는 셈이다. 캐나다 다문화정책에 접근하려면 캐나다 다문화정책의 위상을 명확히 파악한 후 다문화정책 가운데 문화정책의 위상을 파악하는 것이 중요하다.

캐나다의 다문화주의 사업은 크게 정착 지원 서비스, 언어 지원 서비스, 커뮤니티 지원 서비스 등이 있으며, 초기 정착과 취업 등 행정 지원이 필요한 정착 지원 서비스는 시민이민부에서, 언어 지원 서비스는 문화유산부에서 주도하고 있다. 반면 커뮤니티 지원서비스는 사회통합을 위한 사업으로 이주민뿐 아니라 전 사회적으로 수행되고 있으며, 캐나다 다문화주의의 핵심인 '정체성'과 '인정'의 코드를 드러내는 정책이다. 이것은 각 정책영역에서 각각 접목되는데, 경제, 외교, 노동, 국토개발, 문화, 법무 등 모든 연방정부 관할 영역은 물론, 환경, 주택, 교육 등 주 정부 관할 영역도 마찬가지이다. 따라서 캐나다의 다문화정책과 프로그램을 연구함에 있어 정부 구조와 다문화정책의 내용을 살펴보고, 그 안에서 커뮤니티 지원서비스를 중심으로 한 다문화정책과 프로그램을 살펴보는 것이 전체와 부분의 관계를 정확히 보는 방법이다. 다문화정책의 심장을 살아 있는 생명체에서 분리해 보려는 시도는 죽은 심장에 대한 연구에 불과한 것처럼 다문화정책을 역사적·사회적 맥락에서 분리하여 이해하려는 시도는 다문화정책에 올바로 접근하는 것이 아니기 때문이다. 캐나다 사회통합 정책의 위상으로서 다문화주의 정책 안의 문화정책에 대한 이해는 맥락을 읽는 방식으로 진행되어야 하며, 우리 사회에 긍정적인 사례로 활용하기 위해서는 우리 사회의 맥락 속에서 재 독해하는 과정 역시 필수적이다.

캐나다의 정부 구조

캐나다 사회는 설사 사적 영역에 특정 인종이나 종교에 대한 혐오가 존재할지라도 공적 영역은 다문화주의가 가치의 기준을 결정하고 있다. 이러한 공적 영역을 견인하고 있는 것이 정부의 정책이며, 다문화정책은 연방정부가 직접 관리하고 있는 영역에 속한다. 캐나다는 지방자치가 잘 되어 있어 연방정부의 역할이 한정되어 있지만, 몇몇 중요한 사안은 연방정부의 관할에 속한다. 연방정부가 관할한다고 해서 주정부나 시정부가 별도의 역할을 하지 않는 것이 아니지만, 캐나다라는 공동체 전체에 영향을 주는 사안이거나 국가 공동체가 하나의 공동체로 존재하기 위해 필수적 요소라고 생각되는 부분은 연방정부 차원에서 관리된다고 할 수 있다.

앞서 서술하였듯이 캐나다의 사회통합 정책으로서의 위상을 갖는 다문화정책으로부터 문화정책과 문화 프로그램을 분리하여 분석하는 것은 여간 어려운 일이 아니다. 또한 캐나다에서 다루어지는 사회통합 정책의 위상대로 다문화를 다룬다면, 우리 사회에 적용하기가 거의 불가능하다. 정책의 지위가 현격하게 다르기 때문이다. 따라서 이에 대한 접근은 두 가지 방식을 결합하여 문화가 내장된 다문화 프로그램 혹은 다문화주의가 내장된 문화 프로그램에 접근하도록 한다. 한 축은 문화 분야와 다문화 부처의 사업 안에서 커뮤니티 지원 서비스 분야의 사업에 대해 살펴보고, 다른 한 축은 연방-주-시정부의 관계 속에서 사업의 흐름을 살펴보는 것이다.

캐나다의 중앙 정부인 연방정부는 3권 분립된 영국식 정치 구조를 가지고 있는데 국가 원수는 영국 여왕(Crown)이다. 캐나다에는 여왕을 대신한 총독(governor general)이 존재하지만 이는 형식적인 존재이다. 사법부는 연방 최고법원(supreme court) 산하 연방법원(federal court) 그리고 주법원(provincial court), 조세 재판소(tax court)로 구성되어 있으며, 의회는 종신직인 상원(senate)과 선출직인 하원(house of commons)으로 구성된다. 행정부는 하원을 장악한 정당이 구성하게 되어 있어 행정부의 권한은 입법부로부터 나오게 되어있다. 2012년 현재 캐나다의 행정부는 수상(prime minister)과 각종 위원회 대표를 포함한 38명[2])으로 구성되어 있으나 실제 행정 각료는 27명[3])이다.

---

2) Canadian Federal cabinet
(www.parl.gc.ca/MembersOfParliament/MainCabinetCompleteList.aspx?TimePeriod=Current&Language=E)

3) Canadian Federal cabinet

모든 정책은 다문화주의 이념 아래 존재하지만, 다문화주의와 관련된 정책 업무를 관할하는 부서는 문화유산부(Canadian Heritage and Official Languages)와 시민이민부(Citizenship, Immigration, & Multiculturalism)이다. 주관 부서가 초기에 시민이민부였으나 잠시 문화유산부로 이관되었다가 다시 시민이민부로 옮겨졌다. 이는 언어 및 문화적 토대라는 내용면에서는 문화유산부가, 다문화적 훈련과 지원이 가장 필요한 사람들은 초기 이주민이라는 점에서 시민이민부가 적합하기 때문인데, 현재는 문화유산부에서 언어와 가치, 신념의 문제를 다루고, 시민이민부는 이주민 정착과 적응 사업을 수행하고 있다.

행정적으로는 이주민의 정착과 적응을 돕는 협의의 정책을 다문화사업이라고 부른다.

캐나다의 연방정부(federal government)와 주정부(provincial government)의 관계는 연방정부 산하에 주정부가 존재한다는 개념보다는 주정부들 간의 공통 사업을 연방정부가 수행하는 형식이다. 이는 독립되어 존재하던 주정부 간의 협상에 의해 연방정부가 탄생된 역사에 기인한다. 시정부(municipality)는 주정부에 속한 형태를 띠는데 시민의 선거에 의해 의회와 정부를 구성하며, 교육 등의 각종 시위원회 역시 시 선거 과정에서 선출직 위원회로 별도 구성한다.

(www.craigmarlatt.com/canada/images&downloads/downloads_govt_cabinet.html)

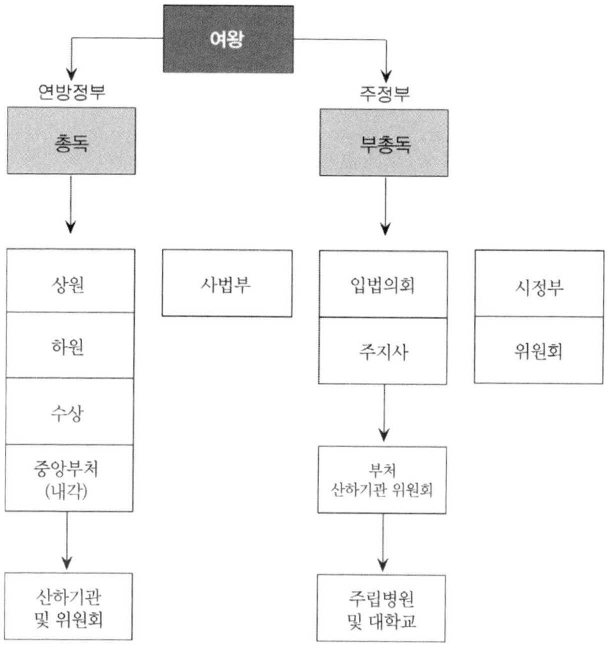

*출처: http://www.pch.gc.ca/pc-ch/publctn/gp-pg/ppc-chp/103-eng.cfm

[그림 3-1] 캐나다의 정치 구조

다문화정책의 전달 체계

문화정책의 범주를 어떻게 설정하는가는 국가마다 다르기 마련인데 광의의 문화, 즉 한 사회의 가치, 신념, 관습 등을 의미하는 문화정책은 연방정부의 정책 영역 소관이나 창의적인 예술 영역에 대해서는 예술위원회가 관할하며 '지원은 하되 관여는 하지 않는 소위 팔길이 정책(The arm's length policy)'이 견지되고 있다.[4] 이러한 분리

4) Canada council for the arts(www.canadacouncil.ca/aboutus/)

시스템은 연방-주-시 단위까지 유사하게 이어지고 있는데, 실제 내부는 문화와 예술영역이 매우 혼재되어 있다. 교육 영역이 주 정부의 정책 소관으로 주마다 각각의 학제와 입시 제도를 가지고 있는 것과 달리 문화정책이 연방정부에 의해 다루어지고 있는 것은 캐나다 사회가 문화를 국가 가치체계로 이해하고 있다는 것을 보여준다. 물론 이러한 시스템은 강력한 중앙집권적 문화정책을 취하는 프랑스와 차이를 가지고 있지만, 그렇다고 문화 예술에 대한 정부의 권한과 역할이 약한 것도 아니다. 때문에 캐나다의 문화정책 수행 구조를 이해하기 위해서는 캐나다에서 문화라는 것이 어떤 내용을 가지고 있는지, 예술과 어떻게 다르게 취급되는지를 살펴볼 필요가 있다.

캐나다의 다문화정책의 핵심은 앞서 서술하였듯이, 캐나다 사회의 가치와 신념 및 관습을 반영하는 다문화주의와 맞닿아 있다. 그것은 바로 캐나다에 존재했거나 캐나다로 유입된 문화적 유산에 대한 존중과 공존을 의미하는 것으로 그 핵심에 언어정책이 존재한다. 따라서 캐나다 연방이 관여하는 문화정책의 핵심은 언어정책과 캐나다에 존재하는 모든 문화유산[5]을 유지하고 그를 토대로 하는 공동체를 지원하는 것이다. 이러한 지원은 캐나다 문화유산부에서 수행하는데,

---

5) 캐나다에서 문화유산이라는 개념은 원주민의 문화만을 의미하지 않는다. 초기 영국과 프랑스 정착인들의 문화, 이후에 캐나다가 형성되는 과정에서 만들어진 정체성을 구성하는 수많은 요소들을 포함한다. 즉 문화유산이라고 호명되는 이것은 오늘의 캐나다가 있게 한 긍정적이고 부정적인 역사 및 가치를 모두 포괄한다고 할 수 있다. 캐나다에 이주한 이주민의 문화유산을 보호하는 것도 캐나다 문화유산부의 업무영역에 속한다. 따라서 한국인 커뮤니티의 한국민속축제를 지원하는 것은 문화유산부의 시각에서 보면 당연한 것이다.

이들의 고유 업무는 문화, 정체성, 그리고 스포츠[6]이다. 구체적으로 이들 사업을 보면 방송과 뉴미디어, 예술과 문화산업, 문화유산 관리, 공공 언어, 시민 참여와 시민의식, 인권, 원주민, 청소년 스포츠 기획 외 모든 국가적 기념과 상징에 대한 업무이다.[7] 예술은 캐나다 예술위원회가 전담하고, 원주민 사업은 원주민과 북부 개발부, 인권은 정의부, 시민 참여와 시민의식은 시민이민부와 중복되는데, 캐나다 정부 간의 파트너십에 의해 업무가 조정되고 있다. 따라서 문화유산부의 사업은 주로 문화 일반 사업과 언어정책에 집중되어 있고, 사업은 주 정부의 여러 사업과 별도로 연방정부가 직접 권역별 5개의 지역 사무소를 개설하여 전 캐나다 차원에서 일관성 있게 처리되고 있다.

캐나다 예술위원회는 우리나라의 문화예술위원회와 비슷한 성격을 가지고 있는데, 모든 분야의 예술 창작 지원이나 관객 개발, 공동체 개발 등 다양한 지원 사업이 이루어지고 있다.[8] 예술위원회는 공공 지원만 수행하는 것이 아니라 민간의 지원을 조직하기도 하는데, 창작, 매개, 시연 및 참여 집단 등 전 대상을 망라하고 있으며, 이들이 다루는 예술은 특별한 지위를 갖는 원주민 예술을 제외하고, 전 세계의 모든 예술적 내용을 망라하고 있다.

반면, 이주민에 포커스가 맞추어진 다문화정책 업무는 시민이민부

---

6) 캐나다에서 스포츠 업무는 엘리트 체육이 아니라 생활체육, 즉 커뮤니티에 기초한 신체 활동이기 때문에 공동체 문화 요소의 중요한 기반이다.

7) Canadian Heritage(www.pch.gc.ca/eng/1266247278907/1266203846503)

8) Canada council for the arts(www.canadacouncil.ca/home-e.htm)

의 고유 사업에 해당된다. 시민이민부는 이민(immigration), 정주(settle-ment), 재정착(resettlement), 시민권(citizenship) 그리고 다문화주의와 관련된 프로그램과 서비스를 제공하고 있다.[9] 시민이민부에서 이루어지는 다문화정책은 이민과 정주 및 시민권 부여 등의 과정에서 캐나다인이 되기 위해 반드시 갖추어야 할 다문화적 인식에 초점이 맞추어져 있다는 점에 주의할 필요가 있다. 캐나다 사회 전반에서 다문화정책이 시행되고, 다문화정책의 근간을 이루는 것이 언어 및 문화유산이라는 점을 감안한다면, 시민이민부의 다문화정책 업무는 협의의 다문화정책이라고 할 수 있다. 시민이민부의 다문화정책 업무는 2008년 문화유산부로부터 다시 돌아온 이후 별도의 조직으로 구성되어 있다. 즉 이민 관련 사업을 하는 28개의 지역 사무실과는 별도로 다문화 프로그램은 중앙 사무실 외에 13개 지역 사무실을 별도로 두고 사업을 운영하고 있다.[10]

연방정부를 구성하는 캐나다 지방정부는 10개의 주(province)와 3개의 준주(territory)로 이루어져 있는데, 주정부의 역할은 연방정부가 수행하는 업무를 주 상황에 맞게 구성하거나 주가 가지고 있는 독자적인 업무를 수행하는 것이다. 주정부는 연방정부와 별도로 선거를 통해 주 의회를 구성하고 주 수상을 선출하며, 주의 내각에는 독자적인 문화 담당 부서를 두고 있다. 캐나다에서 가장 큰 주인 온타리오 주의 경우 27개 부처와 각종의 위원회가 존재하는데, 문화정책은

---

9) Citizenship and Immigration Canada(www.cic.gc.ca/english/department/index.asp)
10) Citizenship and Immigration Canada(www.cic.gc.ca/english/contacts/multi.asp)

관광·문화·스포츠부(Ministry of Tourism, Culture and Sport)가 맡고 있다.[11] 온타리오 주 역시 예술 지원과 관련하여 독자적인 위원회인 온타리오 예술위원회가 구성되어 있으며, 예술 훈련(미술, 음악, 공연, 댄스 등), 예술 활동(예술교육, 커뮤니티 아트), 지정 프로그램(원주민 아트, 불어 사용자 아트(Franco-Ontarian Arts), 북부 온타리오 아트) 등으로 세분화하여 다양한 지원을 하고 있다.[12]

사회통합과 관련하여 온타리오 주는 연방정부와 마찬가지로 시민권을 확대하고 이주민이 캐나다 사회에 정착할 수 있게 하는 별도의 시민이민부(Ministry of Citizenship and Immigration)를 두고 있으며, 부서의 업무 역시 이주민의 온타리오 정착과 적응을 돕고, 다른 캐나다인과 함께 살아갈 수 있는 공동체를 만드는 것에 집중되어 있다.[13] 온타리오 주에는 주가 직접 관장하는 문화정책이나 이민정책과는 별도로 연방정부가 직접 관장하는 문화유산부 혹은 시민이민부 사업이 각각의 관할 지역 사무소를 중심으로 수행되고 있다. 하나의 정책이 연방-주-시로 넘겨지는 것이 아니라 같은 목적의 사업이라도 연방 차원에서 수행되는 업무, 주 차원에서 수행되는 업무, 그리고 시 차원에서 수행되는 업무로 나누어 진행되고 있는 것이다. 즉 주에서 수행되는 일상 정책과 달리 연방정부 차원의 정책 목표는 하나의 캐나다로서의 정체성을 유지하고, 지방 정책과 시민의식을 견

11) Ontario Ministry of Tourism, Culture and Sport(http://www.mtc.gov.on.ca/en/home.shtml)
12) Ontario Arts Council(http://www.arts.on.ca/page3429.aspx#who)
13) Ontario Ministry of Citizenship and Immigration (http://www.citizenship.gov.on.ca/english/aboutus/index.shtml)

인하는 것이기 때문이다.

캐나다의 가장 서쪽에 위치한 브리티시 콜롬비아 주의 대표도시 밴쿠버는 광역 밴쿠버의 중심 도시이다. 밴쿠버 시는 인구가 57만 명에 불과하지만 광역 밴쿠버의 중심 도시라는 점을 본다면 211만 명의 인구가 밴쿠버 시의 정책에 직간접으로 영향을 받는다. 시에서는 시의회와 함께 시장 및 3개 위원회(교육, 공원과 레크리에이션, 도서관) 위원을 선출하는데, 밴쿠버 시는 교육, 환경, 문화, 관광 분야에 강한 경쟁력을 가지고 있다. 밴쿠버 시의 행정은 부서 개념보다는 서비스 개념을 가지고 있는데, 9개의 서비스 단위 중에서 '밴쿠버 문화 환경 및 활동 촉진, 건물 규제 및 신개축, 영세 비즈니스, 건강한 마을 공동체 구성'을 목표로 하는 공동체 서비스 분야에 문화 서비스 분야가 속한다. 문화 서비스에서는 마을 공동체 지원, 공공 아트 프로그램 지원, 공공시설 지원, 문화 유락 시설 건설 등을 주된 업무로 삼는다.[14] 또한 같은 서비스 단위에는 사회 서비스(planning)가 있는데, 이곳에서는 건강한 커뮤니티 건설과 사회통합을 위한 마을 공동체 건설, 원주민 지원, 다양성과 다문화주의 활동 지원 등의 업무를 주로 맡고 있다.[15] 각 부처 간의 겹치는 업무는 부서 간 업무 조정을 요하거나 서로 각도를 달리하여 접근한다는 것을 의미한다.

---

14) Explore arts and culture in Vancouver (http://vancouver.ca/parks-recreation-culture/arts-and-culture.aspx)

15) City of Vancouver (http://vancouver.ca/people-programs/building-community.aspx)

2. 다문화정책의 일반 특징

캐나다의 정책 구조를 이해하고 다문화정책이 구체적으로 어떻게 구현되는가를 이해하기 위해서는 세 가지 측면을 고려해야 한다. 하나는 연방정부와 주정부 그리고 시정부의 관계와 역할 분담이고, 다른 하나는 각 단위의 정부가 정책 목표를 구현하는 방식, 즉 파트너십을 형성하는 것이며 마지막으로 철저한 정책 입안 과정을 통한 정책의 안정성이다.

각 정부의 역할 분담

연방정부와 주정부 그리고 시정부는 각각의 다문화정책을 수행하는데, 각각의 위상에 맞는 영역을 설정하고 상호간에 조정을 하고 있다. 문화유산과 정체성을 다루는 문화유산부거나 이주민의 다문화 시민의식을 다루는 시민이민부거나 연방정부의 다문화정책은 캐나다인이나 새로운 이주민들이 캐나다인으로서의 정체성을 공유하고 자부심을 공감하는 방향으로 설계되어 있다. 반면 주정부의 다문화정책은 전체적인 행정 서비스의 내용을 규정하거나 지역사회의 상생공동체를 만드는 일에 주력하고 있으며, 시정부의 다문화정책은 구체적인 서비스에 맞추어져 있다.

물론 상호간에 영역의 혼선이 있을 수 있으며, 때로는 중복 지원에 따른 예산 낭비라는 비판 속에 재조정되기도 하지만 대체적으로 이러한 기조 속에 사업이 이관되거나 조정된다. 또한 연방-주-시 정부가 각각의 정책 위상과 목표를 가지고 사업을 추진하기 때문에 연방정부가 직접 지역 사무소를 운영하면서 각 정책이 캐나다인의 생활에 스며들도록 하는 것은 물론 주와 시정부의 정책 방향을 선도하는 것은 흥미로운 일이 아닐 수 없다.

정부와 민간의 파트너십

캐나다에서는 연방정부나 주정부 혹은 시정부가 업무를 수행하기 위해 비정부 기구와 파트너십을 가지고 있으며, 정책 수행이 전국의 수많은 비정부단체(NGO) 활동에 의해 이루어지고 있다. 어떤 단체든지 지원 요건에 맞으면 연방정부의 정책 프로그램이나 주정부나 시정부의 정책 프로그램에 지원이 가능하고, 정책을 서비스화 하는 과정에서 민간의 자발적인 활동과 자원봉사자들의 참여가 적극적으로 이루어지고 있다. 다시 말해서, 정부는 끊임없이 민간의 활동을 지원하고 정책을 수행할 수 있는 적절한 파트너를 찾고 있으며 민간은 이러한 활동 속에서 서비스 역량을 강화시킨다.

정부는 모든 분야의 조직자로서 정책 혹은 프로그램을 만드는 연구자나 기획자를 조직하고, 프로그램을 시행할 활동가를 조직한다. 또한 연구 단체나 기획 단체, 시민 단체들은 끊임없이 재원을 지원

할 스폰서와 자원봉사자들을 찾고 훈련하는 등의 조직 활동을 하고 있는데, 어느 단체든지 자원봉사자 코디네이터를 두고 일반 시민들의 사회활동 역량과 커뮤니티 역량을 강화하는 역할을 수행하고 있다. 따라서 정부의 정책은 제공자와 수혜자만 있는 것이 아니라 입안자-제공자-수행자-조력자-참여자-수혜자 등 수많은 분야와의 파트너십이 이루어지게 설계되어 있다. 다시 말해서 공공기금은 일종의 종자돈 역할을 하면서 유무형의 재원을 흡수하여 정책의 가치를 높이는 역할을 하도록 설계되어 있는 것이다. 이 과정이 40년 동안 이어지면서 다문화정책과 프로그램을 수행하는 민간단체의 전문성이 높아졌을 뿐 아니라, 다문화적 가치를 위협하는 다양한 도전에 대한 문제해결 능력도 높아졌다.

철저한 정책 입안 과정

어떤 정부 단위라도 프로그램 운영에 있어 안정성을 꾀하기 위해 엄격하게 프로그램을 관리한다. 예컨대, 브리티시 콜롬비아 주의 경우, 프로그램 개발 과정과 실험 과정, 정착 과정, 성장 과정, 해소 과정이 정확히 있으며, 대개 프로그램의 개발은 대학이나 연구소 등에 의뢰하는데 보통 1~2년이 소요된다. 이를 통해 일부 단체를 엄선하여 2~3년의 실험 과정을 거쳐 프로그램을 보완하고, 정착 과정에 들어간 프로그램은 장기적인 계약을 통해 안정적으로 프로그램이 유지될 수 있게 한다. 보통 사업 초기에는 1년의 계약을 맺지만 평가를 통해 우수한 결과가 도출되면 2~3년 혹은 장기 계획을 맺는데 일부 단체는 30여 년 동안 지속적으로 프로그램을 운영하기도 한다. 또한 프로그램에 대한 적절성 평가를 통해 해소가 결정된 경우라도 보통 1~2년의 공지기간이 있어, 시민이나 수행단체가 공공서비스에 대해 예측하는 것이 가능하다.

엄격한 프로그램 진행 과정은 비단 프로그램의 개발과 진행 그리고 평가에만 국한된 이야기가 아니다. 프로그램을 진행할 파트너와의 합리적인 계약을 통해 프로그램 진행 비용을 지급하는데, 보통 진행 인력의 퇴직금까지 정산되어 지급되는 등 프로그램 서비스의 안정적 진행과 운영에 최적화를 꾀한다. 이는 프로그램 운영 기관의 전문성 제고에 지대한 영향을 미치는데, 그들의 전문성은 프로그램의 질을 향상시키고, 사업의 성과를 극대화할 것이라는 데에 추호의 의심이 없는 정책 환경이다.

3. 다문화 프로그램 및 사업의 유형과 특성

문화유산부 프로그램

문화유산부는 우리나라의 문화부와 유사한 역할을 하는 연방정부 부서로서 '모든 캐나다인이 역동적인 문화 경험의 혜택을 향유하고,

2012 ~ 13 프로그램 활동

전략	캐나다인들은 예술 표현과 문화 콘텐츠를 창조하며, 어디에서든지 접근할 수 있다.	캐나다인으로서 정체성을 나누고 표현하며 높은 인정을 받는다.	캐나다인들은 스포츠에 참여하고 뛰어난 활약을 한다.
분야	예술, 문화산업, 문화유산	캐나다에 대한 관심 유발과 접근, 커뮤니티 결합과 참여, 공식 언어	스포츠

* 출처: Department of Canadian Heritage(2012b: 4~5쪽 재구성).

[그림 3-2] 문화유산부 사업과 전략

역사와 문화유산에 자부심을 느끼며, 창의적인 공동체를 만드는 데 참여할 수 있는 환경 조성'을 임무로 하고 있다(Department of Canadian Heritage, 2012b: 3). 문화유산부는 2012년 사업의 전략을 다음의 세 가지로 설정했는데 이는 문화유산부 전체 사업을 포괄하는 것이다.

문화유산부가 수행하는 다문화정책의 핵심은 두 번째 전략에 해당하는 '캐나다에 대한 관심 유발과 접근, 커뮤니티 결합과 참여 그리고 공식 언어' 분야에 집중되어 있다는 점을 알 수 있다. 이 분야에 대한 사업을 위해 문화유산부는 다음의 예산을 책정하고 있다. 보통 예산은 직접 프로그램 비용과 이를 진행할 인건비와 퇴직금까지 포함하여 지급하는 방식으로 진행되기 때문에 인건비 비율이 높기 마련이다.

〈표 3-1〉 문화유산부 프로그램 예산(단위: 캐나다 달러, 백만불/%)

예산 구성	프로그램 예산	제2분야[16] 예산	예산 비율
프로그램비 Program Activities and Internal Services	1300,0	523,9	40.3
인건비 Full-time Equivalents - FTEs	1635,4	360,0	22.0
합계	2935,4	883,9	30.1

* 출처: Department of Canadian Heritage(2012b: 10-26 내용편집).

이 가운데 첫 번째 범주에 들어가는 '캐나다에 대한 관심 유발과 접근' 분야는 다시 7개의 프로그램으로 나뉘어져 지원되고 있다.

16) 문화유산부 관할 분야 중 제2분야로 분류한 사업군은 캐나다에 대한 관심 유발과 접근, 커뮤니티 결합과 참여, 공식 언어 분야 의미

〈표 3-2〉 문화유산부 캐나다에 대한 관심 유발과 접근 분야 사업

<table>
<tr><th>세부 프로그램</th><th>기대 효과</th><th colspan="2">예산(캐나다 달러, 백만 불)</th></tr>
<tr><td rowspan="3">1 경축 기념 프로그램
2 국가 의전 및 행사
3 국제 박람회
4 캐나다 연구 프로그램
5 캐나다 교류 프로그램
6 카티마빅 (Katimavik) 프로그램
7 청소년 리더십 프로그램</td><td rowspan="3">캐나다의 가치를 알고 감사하며, 캐나다인으로서의 공동 관심사를 알고 즐긴다.</td><td>프로그램비</td><td>82.4</td></tr>
<tr><td>인 건 비</td><td>136.0</td></tr>
<tr><td>합 계</td><td>1,442.4</td></tr>
</table>

* 출처: Department of Canadian Heritage(2012b: 22-23 내용편집).

두 번째 범주에 들어가는 '커뮤니티 결합과 참여' 분야는 세 가지 프로그램으로 구성되어 있는데, 인권, 민주주의 가치, 문화 예술을 통해 사회통합의 가치에 도달하고자 하는 목표를 가지고 있으며, 캐나다적인 가치의 발견을 통해 다양한 형태의 공동체를 결성하고 이의 활성화를 통해 건강한 소통을 하는 사회통합에 초점이 맞추어져 있다.

〈표 3-3〉 문화유산부 커뮤니티 결합과 참여 분야 사업

<table>
<tr><th>세부 프로그램</th><th>기대 효과</th><th colspan="2">예산(캐나다 달러, 백만 불)</th></tr>
<tr><td rowspan="3">1 인권 프로그램
2 문화 예술 및 역사 유산을 통한 공동체 조성 프로그램
3 원주민 프로그램</td><td rowspan="3">캐나다인들은 생활 속에서 사회문화적 커뮤니티에 참여할 기회를 얻고 이를 통해 공동체에 결합된다.</td><td>프로그램비</td><td>88.2</td></tr>
<tr><td>인 건 비</td><td>108.2</td></tr>
<tr><td>합 계</td><td>196.4</td></tr>
</table>

* 출처: Department of Canadian Heritage(2012b: 25 내용 편집).

세 번째 범주에 들어가는 '공식 언어' 분야는 세 개의 프로그램으로 구성되어 있다. 이는 공식 언어를 배우고, 다른 언어와의 소통을

원활하게 하는 문화적 커뮤니케이션을 포함하고 있는데, 이를 통해 다른 사람과 어울려 공동체의 일원으로 살아갈 수 있도록 지원하는 것이다.

〈표 3-4〉 문화유산부 공식 언어 분야 사업

세부 프로그램	기대 효과	예산(캐나다 달러, 백만 불)	
1 공식 언어 지원 프로그램 2 공식 언어 증진 프로그램	캐나다인은 이중 언어를 수용하고 지원한다.	프로그램비	353.3
		인건비	115.8
3 공식 언어 협력 프로그램	소수 언어 사용자도 살아갈 수 있는 환경을 조성한다.	합 계	469.1

* 출처: Department of Canadian Heritage(2012b: 26 내용 편집).

특히 두 번째 범주의 사업 중에 예술과 문화유산을 통한 커뮤니티 건설 사업은 문화유산부가 수행하고 있는 문화 공동체 프로그램에 해당되는데, 다른 중앙 부처의 업무와 중복되지 않으면서도 문화유산부가 수행해야 하는 '문화를 통한 공동체 활성화 사업'의 일환이다. 실제 예술 분야 사업은 캐나다 예술위원회에, 초기 이주민들을 대상으로 한 다문화 업무는 시민이민부에 편성되어 있기 때문에 문화유산부는 예술과 문화유산을 통한 커뮤니티 건설 사업을 부처의 업무로 설정하고 있다. 이 사업은 세 개의 구체 지원 대상을 선정하고 있는데, 2013년 지원 대상 요강을 보면, 지역 축제, 지역공동체의 기념행사, 그리고 지역 기념물 지정으로 설정하고 있다.[17] 문화유산

17) Canadian Heritage
(http://www.pch.gc.ca/eng/1267799042836/1276800169608)

부 사업의 지원을 받고 있는 다양한 사업 중에서 밴쿠버시의 구 도심에서 개최되는 다운타운 이스트사이드 축제(Downtown Eastside, Heart of the City Festival)는 좋은 사례가 될 수 있는데, 이 책의 사례 부분에 제시되어 있다.

시민이민부 프로그램

캐나다 시민이민부는 보다 '강한 캐나다'를 만드는 것을 부서의 미션으로 하고 있으며, 그런 구조와 개념 아래 2008년 문화유산부 소관의 다문화정책 업무가 시민이민부로 이관되었다. 시민이민부의 주된 임무는 이민과 정착, 재정착, 시민의식과 다문화주의 프로그램의 수행 등이다.[18)]

캐나다인의 시민의식 고취와 이민과 정착, 취업, 방문 같은 업무는 우리나라로 본다면 법무부와 안전행정부 업무의 중간 형태를 띠는 시민이민부의 주요 업무이며, 다문화정책은 구분된 별도 조직으로 운영하고 있다. 부서 형태가 시민이민부와 다문화부라는 각각의 업무를 겸하는 것처럼 구성되어 있는데, 이와 같이 업무가 분리되어 있는 것은 보통의 캐나다인과 초기 이주민에게 요구되는 다문화정책의 내용이 다르기 때문이다.

별도로 구성된 다문화주의 조직의 사업 테마는 '평등과 포용(Equality and Inclusivity)', '이해(understanding)' 그리고 '언어(Languages)'이

---

18) Citizenship and Immigration Canada
(http://www.cic.gc.ca/english/department/mission.asp)

다.[19] 이는 다음의 세 가지 원칙하에 수행되고 있다.

- 사회적으로 통합되고 응집력 있는 사회 만들기
- 다양한 캐나다인의 요구에 부응하는 제도 만들기
- 다문화주의와 다양성을 논의하는 국제적 논의에 결합하기

* 출처: Department of Citizenship and Immigration Canada(2011e: 16)

시민이민부의 다문화주의 사업은 크게 세 가지 유형으로 나뉜다.

첫째 유형인 '경제적·사회적 문화적 통합 촉진' 분야는 몇 가지 지원 사업으로 구성되는데, 캐나다 사회 내 문화 간 이해와 사회문화적 참여를 촉진하기 위해 다양한 수단과 전략을 구사하고 있다. 특히 캐나다 전역에서 성장한 전문적이고 헌신적인 수많은 프로그램 수행 단체로 하여금 프로그램 참여자와 자원봉사자, 협력자, 지방정부 파트너를 조직하게 하여 프로그램이 지역에 정착될 수 있도록 하고 있다.

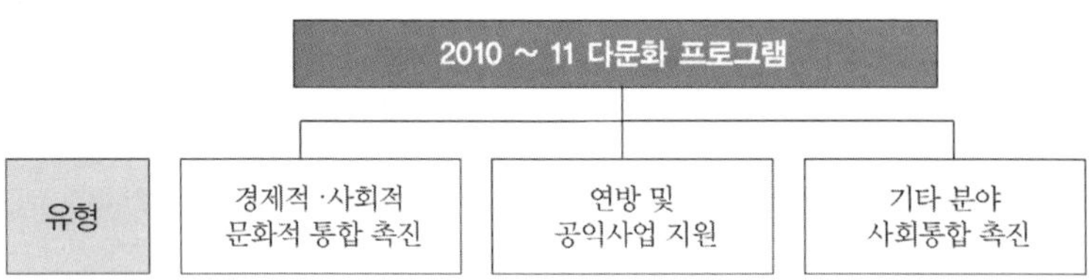

* 출처: Department of Citizenship and Immigration Canada (2011e: 16~30 인용 편집).

[그림 3-3] 2010-2011 시민이민부 관할 다문화 프로그램

19) Annual Report on the Operation of the Canadian Multiculturalism Act 2010-2011, 7쪽.

또한 교육 활동에 대한 지지와 격려 및 다문화적 가치를 인정하고 공식화하는 각종 제도와 기준을 정하고 미래 세대의 가치로 확장될 수 있도록 하는 사업을 수행하고 있다. 그 중에는 흑인이나 아시아인 등 과거 백인 중심의 질서 속에서도 캐나다를 건설하는 데 기여한 이들의 역사를 효과적으로 드러내기 위해 기념의 달[月]을 정해 운영하는 다양한 기념 이벤트가 포함되어 있다.

과거 역사의 잘못을 통해 올바른 역사 인식이 전제될 때 비로소 다문화 가치가 명확히 이해될 수 있다는 생각이 확산된 이후 캐나다에서는 수많은 역사 인식 프로그램이 진행되고 있다. 특히 2008년부터는 과거 캐나다 사회의 공식적인 권력이 자행한 불미스러운 역사적 사건들을 들추고 이에 대한 사과와 용서를 사회화하는 각종 역사 인식 프로그램이 수행되고 있는데, 이 역시 중요한 다문화 프로그램으로 인식되고 있다. 시민이민부의 지원을 받는 다양한 사업 가운데 서레이 시 교육청에서 수행하고 있는 '다양해서 더 좋은 서레이(Surrey Appreciates Multi-Ethnicity, SAME)' 프로그램은 좋은 예가 될 수 있는데, 다문화와 보편 인권, 그리고 민주주의 시민의식은 캐나다 다문화 프로그램의 일반적인 콘셉트이다. 이 책의 사례 부분에 수록되어 있다.

〈표 3-5〉 시민이민부 경제적 사회적 문화적 통합 촉진 분야 사업

프로그램	사업	수혜범위	내용
상호작용 프로그램	상호작용 프로젝트	46건	통합을 증진시키는 장기간, 다층 커뮤니티 개발 및 참여 프로젝트로 전 캐나다에 걸쳐 13,177,592달러 지원.
	상호작용 이벤트	94건	다문화 이해, 시민 자부심 증진, 민주주의 가치에 대한 존중 등 커뮤니티 기반 이벤트를 위해 전 캐나다에 걸쳐 901,753 달러 지원
교육 지원 프로그램	다문화주의를 위한 폴 유직상 Paul Yuzyk Award	88건	다문화정책에 공헌한 전 상원의원의 이름을 따서 단체나 개인에게 2008년부터 수상
	매시오 다 코스타 Mathieu Da Costa Challenge	698건	청소년을 대상으로 문화 다양성을 증진하는 전국 글짓기 및 미술 대회
	"Racism, Stop It!" 전국 비디오 경진 대회	293건	인종차별을 막기 위한 행사로 학생 및 학교 참여 대회
	흑인 역사의 달 Black History Month		매년 2월 아프리카와 카리브해 지역의 흑인 이주민이 캐나다에서 수행한 역할과 그들의 이주 역사에 대해 인식하는 전국 행사
	아시안 문화유산의 달 Asian Heritage Month		매년 5월 아시아계 캐나다인의 역사와 문화적 다양성을 기념하는 전국 행사
역사 인식 프로그램	Historical Recognition Program -국가 역사 인식 프로그램 (National Historical Recognition Program:NHRP) -커뮤니티 역사 인지 프로그램 (Community Historical Recognition Program:CHRP)	34건	2008년 제안되어 입안된 사업으로 캐나다의 역사 속에 존재했던 역사적 상처, 즉 인종적, 문화적, 경제적, 심리적 차별에 대해 올바로 인식하기 위한 프로그램이다. 중국인, 유대인, 인도인, 이탈리아인 등의 커뮤니티 기념사업, 기념비 건설 등에 지원하고 있으며 34건 사업에 4,600,000달러 지원.
기타 사업	Year of the British Home Child		1869년부터 1940년까지 유럽으로부터 10만 명이 넘는 어린아이가 캐나다로 유입되어 입양되거나 노동한 것을 기억하기 위한 특별 사업

* 출처: Department of Citizenship and Immigration Canada(2011e: 16~23 인용 편집).

두 번째, 사업 유형은 연방정부와 지방 정부, 학계와 미디어 등 캐나다 사회의 다문화 담론 생산과 이것의 조직화를 꾀하고, 다문화주의에 주요한 역할을 하는 파트너와의 협력 및 지원 체계를 구축하는 일이다. 시민이민부는 연방의 타부서는 물론 지방 정부에 대한 정책 주도권을 행사하면서 일관성 있고 창의적인 다문화 활동이 되도록 다양한 행정 서비스를 제공하고 있으며, 다양한 워크숍이나 포럼, 세미나를 꾸준히 개최하고 있다.

〈표 3-6〉 시민이민부 연방 및 공익사업 지원 분야 사업

프로그램	사업	내용
연방 기구와 협력 체계	Multiculturalism Champions Network(MCN)	다문화법 증진을 위한 연방정부 기관 내의 포럼, 베스트 사례와 교훈 등을 학습하는 네트워크
	연간 보고서 작성 워크숍	연방정부 기관의 다문화 주제 관련 요강을 공유하고 이끄는 워크숍 개최
지방 정부와의 공조 체계	다문화 이슈에 관한 연방-주-지방 정부와의 공공 역할	연방정부, 주정부, 지방 정부 간 다문화와 반인종 차별 정책에 대한 포럼 개최
조사와 결과의 체계화	Metropolis Project	이주민과 다양성에 관한 국제 네트워크를 구축하고 정책 제안자와 이용자들 간의 리서치 결과를 공유하는 대규모 네트워크. 45개 리서치에 지원
연구	다문화 프로그램	시민이민부의 전략 연구 프로그램에서 종교적 다양성을 포함한 다문화에 대한 연구 지원

* 출처: Department of Citizenship and Immigration Canada (2011e: 24~25인용 편집).

연방정부 차원의 연구 지원 사업도 매우 활발하게 진행되고 있는데, 메트로폴리스 프로젝트(Metropolis Project)와 같은 사업은 연방정부가 유수한 연구 기관 등에 연구 기금을 지원하고 함께 공유할 수 있도록 하는 프로젝트이다. 해마다 일주일가량 열리는 대규모 컨퍼런스는 다문화 연구자나 정책 입안자, 활동가, 시민 단체, 외국 연구자 및 정책 입안자 등이 참여해서 다문화주의에 대한 수준 높은 연구 결과를 교류하는 최대의 학술대회이다.[20]

세 번째 유형의 사업은 주로 신규 이주민들을 지원하는 구체 프로그램이다. 예컨대, 처음 캐나다에 온 이주민들의 정착을 위한 집구하기, 직업 구하기, 은행 계좌 개설하기, 의료보험 신청하기, 세금 내기, 자녀 교육하기, 자동차 구입하기, 부당한 업무에 대해 대응하기 등 일상적인 삶과 관련이 있다. 즉 한 사람의 캐나다인으로 살아갈 수 있도록 다양한 서비스를 제공하고 있다.

이 유형의 사업은 연방정부와 주정부, 그리고 시정부의 협력으로 수행되는데, 일부 사업은 연방정부가 직접 수행하기도 하지만, 다른 사업들은 주정부가 주도적으로 수행할 수 있도록 연방정부가 사업의 주도권을 제공하고 있다. 대개 구체적인 삶의 문제는 주정부에서, 캐

---

20) 수년 동안 연방정부의 지원으로 진행되던 이 사업은 시민이민부가 전체 다문화주의 사업의 효율성을 제고한다는 취지로 사업 전반을 검토하다가 2012년을 끝으로 잠정 중단되었다. 이 사업뿐 아니라 시민이민부의 모든 사업은 연방정부와 주정부의 역할 분담을 새롭게 설계하고 있으며, 체류 자격에 따른 차등 서비스를 보다 엄격하게 하는 방향으로 변화되고 있다. 이는 보수당이 연거푸 집권하면서 꾸준히 진행되어온 일로, 캐나다 다문화주의는 집권 정부의 성격에 따라 어느 정도의 변화에 익숙한 상태이다.

나다 사회의 일관성과 캐나다인으로서의 정체성이 요구되는 문제는 연방정부에서 다루는 것이 일반적인 업무 분담의 방법이다. 그러나 연방정부의 지원이든, 주정부의 지원이든 사업의 실행은 이주민을 위한 비정부 기구에 의해 수행되는데, 이들은 수년간의 전문성과 독자성을 가지고 수혜자 가까이에서 정부 사업을 수행하고 있다. 연방정부나 주정부는 사업의 입안-지원-관리·감독-평가와 환류에 참여할 파트너를 선정하고 관리하는 일을 주로 수행하며, 특별한 하자가 없을 때에는 장기 계약을 맺어 사업의 안정성과 질적 고양을 꾀하고 있다.

〈표 3-7〉 시민이민부의 기타 사회통합 촉진 분야 사업

프로그램	내용
외국인 능력 향상	이주민이 쉽게 캐나다에 정착할 수 있도록 그들이 가진 업무 스킬을 돕는 서비스와 툴 제공
지역이주사업 파트너십	캐나다로의 정착과 통합을 돕는 연방/주/시/민간 파트너들 간의 다층 거버넌스
정착 프로그램	이주민이 캐나다인들과 지역사회와 연관되도록 돕는 프로젝트
시민권 프로그램	캐나다인이 되는 것에 대한 의미와 권리, 캐나다인으로서의 소속감 등을 돕는 프로그램

* 출처: Department of Citizenship and Immigration Canada(2011e: 26~30인용 편집).

주/지방정부의 프로그램

문화유산부나 시민이민부 외에도 연방정부의 각 부처는 고유의 역할에 맞게 다문화주의적 가치를 소속 업무 속에 구현하고 있으며, 시민이민부는 문화유산부를 포함해 타 연방 부처를 견인하고 캐나다의 가치에 부합하도록 돕고 있다. 마찬가지로 주정부 역시 그러한

커다란 우산 속에서 각각의 다문화사업을 수행하고 있는데, 연방정부는 다문화정책 사업에 있어서도 매우 중요한 파트너가 되고 있다.

그러나 모든 주가 같은 형식의 사업을 하는 것은 아니다. 어떠한 경우라도 사회통합으로서 다문화주의는 주정부의 전 부서, 전 영역에서 기본 가치로서 관철되고 있는 것이 분명하다. 하지만 주에 따라 문화부처와 시민이민 부처가 연방정부 모델과 유사한 경우도 있지만 각 주가 처해진 상황에 맞게 운영하는 경우가 대부분이다. 이주민들이 선호하는 온타리오 주(이주자 비율이 높은 토론토가 있는 주)와 브리티시 콜롬비아 주(이주자 비율이 높은 밴쿠버가 있는 주)의 경우를 비교할 때 이러한 차이를 읽을 수 있다.

온타리오 주의 경우 별도의 다문화사업을 추동하는 부서가 존재하지 않으며, 다른 일반 업무와 마찬가지로 내각 내 조정 업무(Intergovernmental Affairs)를 통해 사업의 일관성을 유지하고 있다.[21) 내각 내에 시민이민부가 있어 온타리오 주민은 물론 이주민의 사회적응을 통합적으로 지원하고 있으며, 관광·문화·스포츠부는 경제가치를 추동하는 정책(Driving the Creative Economy)과 공동체를 강화하고 지역 경제를 발전시키는 정책(Enhancing Community and Regional Economic Development)의 기조 하에 문화산업과 관광산업에 역점을 두고 있다(Ministry of Tourism and Culture, Ontriao, 2011c: 48~49). 그러나 연방정부의 문화유산부와 마찬가지로 주 관광·문화·스포츠부도 이질적인 문화유산을 가진 캐나다인들 긴의 원활한 소통을 목적

---

21) Government of Ontario(http://www.ontario.ca/en/your_government/004974.html)

으로 사업을 추진하고 있기 때문에 다문화주의적 가치에 충실하기는 마찬가지다.

반면 태평양에 인접한 브리티시 콜롬비아 주는 주정부 내에 다문화 담당 부서를 설치하고 보다 적극적인 사회통합을 수행하고 있다. 브리티시 콜롬비아 주는 고등교육·혁신·기술부가 다문화부 업무를 겸하고 있으며 다양한 프로그램을 지원하고 있다. 다문화사업이 시민이민부에 편입됨으로써 초기 정착에 방점이 찍힌 연방정부와 달리, 브리티시 콜롬비아 주는 고등교육·혁신·기술부에 편입함으로써, 정책이 접근하려는 지점을 학교, 직장 등 구체적인 현장으로 설정하고 있다. 이는 초기 이주민의 지원을 돕는 연방정부의 역할을 전제로 정책의 연속성과 지속성을 담고자 하는 업무 배치이다.

[그림 3-4] 브리티시 콜롬비아 다문화사업의 수행 방식

브리티시 콜롬비아 주의 다문화 업무는 정착, 취업, 언어 지원은 물론 공동체 지원 프로그램을 가지고 있다. 이 사업은 이미 형성된 다양한 조건을 활용하여 매우 조직적으로 수행되고 있는데, 이주민을 위한 직접 서비스부터 이주민의 정체성을 북돋아 적극적인 자기 활동을 독려하는 사업까지 매우 다양하다. '브리티시 콜롬비아 품기(EmbraceBC Multicultural Programs)'라는 이름을 가진 이 프로그램은 연방정부로부터 교부된 예산으로 주 차원에서 운영하고 있다(Ministry of Multiculturalism, British Columbia, 2011b: 46).

〈표 3-8〉 브리티시 콜롬비아 주 EmbaraceBC 사업

프로그램	지원 혹은 결합	내용
예술 결합 프로젝트	15개 프로젝트	사회 문화 인종 언어 등 문화적 다양성을 증진하기 위한 프로젝트
커뮤니티 소통 연대	10개 커뮤니티, 1400명 참가	다양한 정부 부처 및 문화적 커뮤니티와 관계 구축을 위한 프로젝트
증오와 인종차별 반대 프로그램	4개 커뮤니티	인종이나 증오 사건에 효과적으로 대응할 수 있는 농촌 커뮤니티의 능력 배양 프로그램
파트너십	BC Hate Crime Team과 integrated cross-ministry team에 참여	증오 범죄의 심각성을 인식하는 네트워크
반인종주의 훈련 연구 프로젝트		BC주의 자격 있는 반인종 트레이너를 양성하기 위한 프로젝트
BC 다양한 주민 흉상 제작 project	a unique storytelling project	스토리텔링을 통한 BC주민의 삶과 생활을 담는 프로젝트
공공교육 프로젝트		온라인 다문화 및 반 인정 교육 자원 제공
원주민 청소년 캠프		원주민 청소년 캠프를 지원하고 참여

* 출처: Ministry of Multiculturalism, British Columbia(2011b: 47 내용 편집).

반면 문화부서는 공동체·스포츠·문화발전부로 조직되어 있으며 부서의 2012년 목표는 다음과 같이 설정되어 있다. 커뮤니티의 기초를 생활체육과 문화에 두고 있음을 알 수 있는데, 창의적 예술 지원을 목표로 하는 BC예술위원회와 별도로 문화를 통한 사회통합의 중요성을 강조하고 있다.

브리티시 콜롬비아 주 공동체·스포츠·문화발전부 2012년 사업 목표

목표 1:	커뮤니티와 지역이 미래 비전과 경제적 가능성에 도달하도록 이끈다.
목표 2:	커뮤니티가 일을 할 수 있는 지속가능한 환경을 갖도록 혁신 체제를 구축한다.
목표 3:	풍부한 문화를 갖는 커뮤니티와 창의적인 경제 활동으로 일과 성장 그리고 활성화된 사회 조직을 촉진한다.
목표 4:	강고한 지역 스포츠 환경으로 신체 활동 참가를 촉진한다.

* 출처: Ministry of Community, Sport and Cultural Development, British Colu-mbia(2011d: 15~28).

상대적으로 시정부 차원의 다문화정책과 사업은 많은 비중을 차지하지 않는다. 시에 따라 다문화 부서를 별도로 가지고 있기도 하지만[22] 다문화사업은 주로 연방과 주에서 수행하는 것이 보편적인 행정관례이다. 그러나 시정부의 모든 사업 역시 캐나다의 가치인 다

22) 브리티시 콜롬비아 주의 서레이는 별도의 조직을 가지고 있다. 서리는 밴쿠버 주변 도시로 광역 밴쿠버에서 인구수가 밴쿠버 다음으로 많은 39만 명 수준이다. 주로 인도계 커뮤니티가 발달한 도시로서 힌두, 이슬람 계통의 문화가 많이 분포되어 있다.

문화주의의 관점에서 수립되지 않는 것이 없으며, 커뮤니티 기반 주민참여 및 다양한 분야와의 파트너십을 강조하고 있기 때문에 어떠한 사업이라도 사회통합을 겨냥하지 않는 사업은 없다. 예컨대 밴쿠버 시는 관광산업이 도시의 중요 기반 산업이기 때문에 각종 문화예술 행사와 이벤트에 대한 지출이 높은 도시이다. 그러나 다른 한 축에서는 문화를 통한 공동체를 만드는 일에 매년 10,100,000 캐나다 달러를 쓰고 있다.[23)]

〈표 3-9〉 밴쿠버 시 2012년 문화서비스 지원 사업

프로그램	내용
마을만들기 매칭 펀드	공동체와 매칭 펀드로 지역 활동을 통해 공공의 창의성을 증진하는 프로그램 지원
공동체 속 예술가 사업	예술가와 지역 커뮤니티가 결합하여 지역사회 문화 발전에 기여하는 프로그램 지원
문화공동체와 마을 활성화 사업	지역 커뮤니티와 소공동체 활동을 증진하는 문화예술 활동 지원
문화활동 지원 사업	다양한 형태, 즉 연속성 사업이나 단발성 사업에 관계없이 문화예술 활동 지원
문화환경 지원 사업	문화예술 단체의 사업 계획, 건물 매입, 건설, 공간 수리, 공간 확장 등을 지원
극장 임대 지원 사업	문화예술 활동을 위한 공공극장이나 시설의 임대료 지원
예술가 상주 지원 사업	예술가 상주 및 작업 스튜디오 지원

*출처: http://vancouver.ca/people-programs/arts-and-culture-grants.aspx 의 내용편집.

23) City of Vancouver (http://vancouver.ca/people-programs/arts-and-culture-grants.aspx) 광역 밴쿠버의 중심인 밴쿠버 시는 실제 인구 57만 명의 도시로서 우리나라 중소도시 정도의 규모이다. 밴쿠버의 문화 예술 중에서 문화 공동체를 만드는 지원 사업에 우리나라 돈으로 연 100억 원(인건비 포함)을 쓰고 있다는 것은 상당한 정도의 예산이 아닐 수 없다.

4. 다문화 프로그램의 일반 특징

정착 지원 서비스나 언어 지원 서비스, 그리고 커뮤니티 지원 서비스로 나뉘는 정부의 다문화주의 서비스는 목적에 맞게 프로그램의 내용과 대상을 설정하고 있다. 일반적으로 이주민의 정착을 지원하는 서비스나 언어를 지원하는 서비스는 이주민을 대상으로 하고 있으며, 많은 자원봉사자를 활용하여 프로그램의 효과를 높이기 위해 노력하고 있다. 그러나 커뮤니티 지원 서비스의 경우는 이주민과 일반시민이 혼합된 프로그램이다. 이러한 프로그램은 지역사회 시설, 생활 현장, 회사, 학교 등 어느 곳에서나 수행되는데, 가장 다양한 프로그램을 포함하고 있다. 캐나다가 다문화 프로그램에 관한한 매우 성공적이라고 평가받는 데에는 다양한 요소들이 작동하지만, 한국적 시각에서 주목할 필요가 있는 몇 가지 요소들이 있다.

인종의 영역을 보편 다양성과 함께 구현

다문화를 이주민만의 문제로 바라보지 않고 캐나다인 일반의 문제로 바라보는 시각에 기초하고 있으며, 스스로가 다문화주의의 수혜자라는 사고를 가지고 있다. 즉 캐나다인들은 이주민의 문화를 인정하면서 캐나다 사회로의 적응을 돕는 행위뿐 아니라, 소수 언어, 폭력, 성적 소수자, 아동, 노인, 장애인, 다양한 사회적 편견에 대한 자신의 정체성을 지키는 것으로 확대하여 다문화를 이해하고 있다. 그리고 이것이 캐나다 사회를 움직이는 원리라는 데에 많은 캐나다인들이 공감하고 있다. 다시 말해서 캐나다의 다문화는 이주민의 도래로 생긴 문제가 아니라 캐나다라는 공동체가 다문화를 전제로 성립되었다는 사고에 기초하고 있다.

캐나다 다문화주의 프로그램은 이러한 사고와 믿음, 그리고 자부심에 기초하고 있으며, 이것은 여러 가지 의미의 효과를 가져 온다. 캐나다 거주 기간이 오래된 사람들은 다문화주의를 받아들이고 동의하는 데 것 자체가 매우 자연스럽다. 또한 다문화에 대한 이해를 문화적 독해능력 정도로 이해함으로써 다문화 프로그램에 대한 적극성을 유발하게 한다. 더욱이 자신의 문화와 다양성이 존중받고 있다는 경험은 다시 타인의 문화와 다양성을 존중하는 태도를 만들게 된다. 문화유산부의 커뮤니티 결합과 참여분야 사업에 속하는 인권프로그램[24]이 이에 속하는 프로그램으로 연방정부의 인식은 전 캐나다의 프로그램 방향에 지대한 영향을 미치고 있다.

반(反)다문화주의에 대한 강력한 대응

시민들의 다문화적 인식과 문화적 수용성, 정체성에 대한 감수성은 연방정부의 주도하에 주정부 및 민간단체의 파트너십에 의해 추

24) CANADIAN HERITAGE 2012－13, 18～19쪽.

동되고 있다. 특히 오래된 지방분권의 역사에도 불구하고 다문화정책이 연방정부의 리더십으로 전 캐나다에 걸쳐 강력하게 시행된다는 점은 일반적인 서구 사회의 정서상 매우 흥미로운 점이다. 그러나 캐나다는 이러한 다문화주의를 40년 넘게 유지하면서 많은 반다문화적인 정서 혹은 인종 혐오 범죄에 대처해야만 했다. 캐나다는 반다문화주의 정서를 다문화를 구성하는 또 하나의 다문화적 요소로 보고 있지 않다. 반다문화주의 정서에 관한 캐나다의 입장은 '불인정(no tolerance)'으로, 다문화주의에 대한 반론이나 저항에 대해서는 철저하게 대처하는 태도, 즉 증거를 가지고 무지에 대항(Combat Ignorance through Evidence)한다는 것이다(Jean L Kunz and Stuart Sykes, 2007: 24).

캐나다는 마을 단위, 계층별 축제는 물론 민족 혹은 인종 축제가 많이 열린다. 멕시코 축제에 참여한 멕시코계 어린이와 아일랜드 성 패트릭 축제에 참여한 아일랜드계 어린이가 다문화주의와 자기정체성을 통합하는 방식을 배운다. 축제는 각각의 정체성을 보다 강력하게 드러내는 정체성의 장이며, 일종의 정치적 무대이고 다음 세대를 위한 교육의 장이다.

ⓒ최혜자, 2011, 2012

[그림 3-5] 각 민족공동체가 만들고 정부가 지원하는 민족축제

따라서 캐나다의 다문화주의 프로그램은 반다문화주의 정서, 즉 인종차별, 종교적 차별, 문화적 혐오에 대한 저항의 코드를 내장하고 있고, 소수자에 대한 배려를 차원 높은 행위로 인식하고 있다. 현장에서 수행되는 수많은 다문화 프로그램이 공동체의 가치와 상호간의 격의 없는 소통을 중심에 두는 프로그램으로 구성되어 있다는 의미이다. 시민이민부의 경제적·사회적·문화적 통합 촉진 분야 사업에 속하는 역사인식프로그램[25]이 이에 속하는데, 이 프로그램은 2008년부터 정부의 강력한 의지에 의해 추동되었다.

학교와 미디어의 역할 극대화

40년이 넘은 다문화주의 역사에서 캐나다의 다문화 의식은 정교하게 사회에 안착되어 있는데, 특히 교육과 미디어의 역할은 지대하다. 학령기 아동들에게는 학교에 가는 즉시 배우게 되는 타인과 살아가는 방식이 학업 성취보다 더욱 중요하게 취급된다. 캐나다에서 학령기 아동의 인성 교육의 핵심은 다문화주의적 소통 능력을 가진 민주 시민이며, 이것이 캐나다가 지향하는 인간상인 것이다. 교사가 학업 성취의 문제로 부모를 면담하는 일은 극히 드물지만, 타인과의 교류 혹은 낮은 문화적 수용성을 보이는 아동을 발견할 때는 부모 면담이나 가정환경 조사 등을 통해 아동이 올바른 환경에 있는지를 확인하는 것이 일반적이다. 학교는 아주 일상적인 다문화 프로그램

25) Annual Report on the Operation of the Canadian Multiculturalism Act 2010-2011, 16~23쪽.

의 장이다.

광활한 영토 위에 다양한 문화적 유산을 가진 국민을 하나의 국가 공동체적 가치에 결집하는데도 미디어의 역할은 절대적이다. 캐나다 유일의 전국 방송인 CBC(Canadian Broadcasting Corporation)[26]는 24시간 동안 다른 문화에 대한 정보를 쏟아내는 것은 물론, 문화 간 소통의 방식, 그것이 가진 캐나다적 가치를 끊임없이 추켜세우고 있다. TV나 라디오를 통해 타 문화에 대한 다양한 정보를 제공받으며, 다른 문화를 대하는 태도를 학습 받게 되는 것이 캐나다의 가장 일반적인 환경이다.

학교와 미디어를 통해 만들어지는 다양한 다문화 프로그램은 바로 전술한 '인종의 영역을 보편 다양성과 함께 구현'하고 '반다문화주의에 대해 강력하게 대응'하는 내용들이다. 따라서 캐나다의 다문화 프로그램은 사회 전반의 전폭적인 지지와 각계의 후원, 그리고 수준 높은 자원봉사활동 등을 효과적으로 조직하는 것이 보다 용이하다.

---

26) 캐나다의 공영방송 CBC는 1920년대 미국 방송이 캐나다 전역에 공공연하게 퍼져나가던 상황에서 '미국 문화 속에 뒤덮일(we would be smothered in American culture)' 것을 우려하여 설립되었다. 이후 여러 변화를 겪으면서 1952년 영어(토론토)와 불어(몬트리올)가 동시에 방송되는 CBC라디오-텔레비전 방송이 정착되었다.
(CBC http://cbc.radio-canada.ca/en/explore/who-we-are-what-we-do/).
1960년대 다문화주의에 대한 구체적인 문제 제기가 있기 전부터 캐나다는 이미 미국 문화로부터 캐나다의 가치를 지키는 문제와 영어 문화권으로부터 불어 문화권을 지키려는 구체적인 문제가 끊임없이 거론되었다.

전문 집단의 활동

다문화주의에 대한 일관된 관점과 접근은 다문화 프로그램에 관한 많은 경험을 축적할 수 있게 하였다. 대학과 연구 기관은 다문화주의 담론 생산의 중요한 역할을 할 수 있었으며, 연방정부나 주정부의 지원은 이를 더욱 촉진하였다. 또한 지역사회는 다문화적 상황에 능숙하게 대처하는 현장 전문가를 보유하게 되었고, 이들 역시 공적 영역과 민간 영역에서 많은 경험과 전문성을 축적해 왔다. 연방정부가 주도하고 있는 다문화 프로그램은 활동 인력의 임금이나 각종 보험 및 사회 서비스 혜택에 있어서도 공무원에 준하는 임금과 대우가 제공되고 있어 고학력 우수 인력들이 선호하는 직종으로 자리하고 있다.

학계와 현장이 결합된 전문가는 캐나다 다문화사업 성공에 매우 중요한 열쇠이다. 이들은 캐나다 다문화주의가 봉착한 문제들에 대해 끊임없이 대안을 생산해 왔으며, 지역사회에서 크고 작은 문화적 충돌과 인종 갈등에 적극적으로 대처하여 다문화주의적 우호 환경을 유지하는 데 기여하였다. 캐나다 정부의 강력한 추진력과 학계의 활발한 연구, 현장의 헌신적인 활동이 바로 캐나다 다문화정책의 방향을 만들어 왔으며 프로그램의 질을 담보하고 있는 것이다.

또한 현장의 다문화 프로그램 수행자들은 높은 자질을 보유하고 다문화주의의 성공을 견인해 왔다. 캐나다의 다양한 프로그램 현장은 많은 사람들의 자발성을 끌어내는 언시와 행동에 매우 능숙하며, 이곳에서 정부의 지원, 기업의 후원 및 참여자의 적극성을 매우 노련하게 끌어내는 기획자, 조직자, 강사 등을 만나는 것은 어려운 일이 아니다. 이들은 대개 대학 등 훈련기관과 오랜 자원봉사 활동을 통해 축적한 이론과 현장 경험으로 높은 질의 현장 활동을 구사하고 있다.

자원봉사자를 활용한 소단위 활동

캐나다 사회에서는 공동체를 위한 개인의 기여 정도를 진학과 취업에 있어 매우 중요한 잣대로 여기고 있다. 실제 공동체에 대한 기여 정도에 따라 진학과 취업의 결과가 달라지기도 하는데, 이는 개인의 인성과 사회적 태도를 평가하는 잣대로 이용되기 때문이다. 특히 미국식 자본주의와 거리를 두고 주요 기간산업을 공기업화하고 있을 뿐 아니라 사회 서비스가 매우 발달해 있는 캐나다에서 유수의 기업이나 단체로의 취업은 반드시 공동체에 기여한 경험을 요구하고 있다. 따라서 자원봉사, 특히 공동체에 기여하고자 하는 자원봉사 수요가 매우 풍부한 편이다.

그렇기 때문에 자원봉사 활용처 대부분이 자신들의 기관에 지원한 자원봉사자들을 훈련하고 배치하는 코디네이터를 채용하고 있는데, 다문화 프로그램이 진행되는 커뮤니티 센터[27], 도서관[28], 네이버후드 하우스[29], 이주민 서비스 단체[30] 등에도 그러한 인력이 존

---

27) 우리나라 주민자치센터 같은 역할을 하는 지역자치센터로, 예컨대 인구 57만의 밴쿠버 시에는 23개의 공공센터가 있으며, 이보다 더 많은 민간 커뮤니티 센터가 있다.

28) 북미 지역은 도서관 활동 내용이 풍부하다. 밴쿠버 시에는 22개의 도서관이 있다.

29) 주민 간의 상부상조를 위한 마을 복지관 같은 곳으로 주민들이 자치적으로

재한다. 자원봉사 코디네이터는 개인의 재학습과 사회화를 촉진하는 교육 코디네이터의 역할은 물론 사회적 자원이 보다 효율적으로 쓰일 수 있도록 공동체 내 이동을 주관하는 역할을 하고 있다. 캐나다 사회에서 이들의 활동은 자원봉사의 질을 높임과 동시에 다문화적 인식의 확대에 많은 기여를 해왔다. 또한 두터운 층을 형성하고 있는 자원봉사자들은 자발적인 활동을 통해 자신의 다문화적 의식을 구축하고, 때로는 스스로의 정체성을 인식하면서 정책의 강력한 지지층이 되어왔다. 수많은 자원봉사자는 캐나다 다문화주의 의식의 중요한 선전원이 되고 있으며, 자부심을 확대하는 추동력이 되고 있는 것이다.

캐나다의 다문화 프로그램은 일부 교육 프로그램을 제외하고 대개 많은 자원봉사자가 투여되어 팀티칭과 공동 작업으로 구성되거나 기획자의 주도하에 모든 사람이 프로그램을 함께 만드는 형식인 경우가 많아, 프로그램에 있어 자원봉사자는 매우 중요한 인력이 아닐 수 없다.

만들어 시 보조를 받는 형태이며 밴쿠버에만 10여 개 기관이 있다.

30) 공공 조직이 직접 서비스를 하지 않는 전통의 북미 대륙에서는 이주민을 돕기 위한 민간 조직이 정부 사업을 위탁받아 공공서비스를 지원한다. BC주에서 공식 파트너로 인정한 이주민 서비스 단체가 71개 시설인데 이중 20개 시설이 밴쿠버에 있다. 이들 지정 시설은 네이버후드 하우스나 민간 커뮤니티 센터, 이주민 봉사 단체 등으로 시설과 전분성을 보유하고 있어야 한다. BC주 인정 이주민 서비스 단체 명단
(http://www.welcomebc.ca/wbc/service_providers/programs/settlement_agencies.page)

소재의 확장

캐나다의 다문화 프로그램은 자원을 동원하는 데 매우 신축적이다. 이 프로그램은 공동체 건설로 표현되는 문화프로그램, 창의적 자기표현을 강조하는 예술 프로그램 그리고 협동과 배려를 배우는 생활체육 프로그램 등이 적절하게 조화를 이루고 있다. 시민이민부나 문화유산부의 그 어떤 프로그램이라도 공동체 문화, 예술적 자원, 생활체육 자원, 언어적 자원, 음식이나 전통 예술, 다른 나라의 직면한 상황 등 모든 생활 자원이 다양하게 사용되고 있다.

실제로 캐나다의 학교교육 과정에는 이러한 콘텐츠 개발이 활발하게 이루어져 있는데, 예컨대 체육 시간에 실시되는 다양한 운동 중에는 태권도나 가라테, 쿵푸 등이 있기 마련이며, 무용 시간에는 아프리카 댄스나 인도 댄스, 북미 원주민 댄스 등이 거뜬하게 학교 교과과정으로 활용된다. 교사가 스스로 가르치기도 하지만, 가능한 인력을 동원하는 코디네이터 역할을 하는 경우도 일반적이다. 따라서 캐나다 시민들은 이미 학령기 때 다른 문화를 다양하게 접하게 되며, 이를 통해 세계에 대한 수용 능력을 높이고 있다. 학교 교과과정이 오늘날의 캐나다인을 형성하는 모든 문화적 유산을 학습의 내용과 도구로 사용함으로써 인류 문화의 모든 콘텐츠가 교과서와 교육과정에 수용되어 있는 셈이다.

또한 다문화 프로그램을 인종이나 민족에 국한하지 않고, 공동체 안에 존재하는 소수 문화를 적극적으로 껴안음으로써 문화 간 장벽을 허무는 것 역시 캐나다 다문화 프로그램이 꾸준히 수행하고 있는 활동이다. 다양한 이유를 가진 '다름'으로 생기는 불편이나 재미를 다루는 문제는 다양성 영역의 확장이다. 다름으로 인해 생기는 학교의 왕따 방지 프로그램, 직장에서의 차별방지 및 함께하는 다양한 이벤트 등도 적극적으로 개발되고 있다. 예컨대, 다양한 인종이 일하는 한 회사에서는 몇 달에 한 번씩 '파자마 데이'를 하는데 모든 사람이 직장 내에서 파자마를 입고 근무를 한다. 언어 혹은 문화, 견해의 차이로 거리를 두고 있다가도 이런 이벤트를 통해 서로 인사를 하고 재미를 나누는 등 소통의 실마리를 만든다고 한다.

5. 다문화 프로그램의 사례

밴쿠버 다운타운 이스트사이드 축제
(Downtown Eastside, Heart of the City Festival)[31]

사업의 배경

밴쿠버의 다운타운 동부 지역은 밴쿠버 시의 구도심으로 현재는 슬럼화된 지역이다. 밴쿠버가 시작된 곳이지만, 낡은 건물과 불결한 환경으로 인해 현재는 밴쿠버의 노숙자[32], 저소득자 등이 거주하고 있는 지역이며, 도시 재개발 계획으로 꾸준히 변화하고 있다. 밴쿠버 시나 이 지역 커뮤니티에서는 시민이 공감할 수 있는 도시 재개발

---

31) Heart of the City Festival(http://www.heartofthecityfestival.com/)
Canadian Heritage(http://www.pch.gc.ca/eng/1290192925372#a5)

32) 밴쿠버의 노숙자와 한국의 노숙자가 어떠한 의식 차이를 가지고 있는지에 대한 연구는 존재하지 않지만, 대개 서구 사회의 노숙자들은 사회적 실패와 무능의 결과로 노숙자가 되었다는 시선으로부터 자유롭다. 마약이나 알코올로 인한 정신적 문제를 가진 일부를 제외하고 이들은 매우 당당한 태도와 나름의 철학을 피력하는 등 활발한 자신의 삶을 살아간다. 애완용 개를 키우기도 하고 낮에는 도서관에서 책이나 컴퓨터를 이용하는가 하면, 행인을 위해 건물 문을 열어주고 팁을 요구하는 등 사회성이 높다. 때문에 이들은 지역사회에 비교적 잘 결합되어 있다.

계획을 수립하기 위해 노력하고 있는데, 시 당국의 그 누구도 재개발이 완성될 때까지 얼마나 걸릴지 모르는 상태이다. 왜냐하면 끊임없는 시민 토론회와 계획 수정 등으로 전반적인 계획이 다양한 유기체의 결합처럼 존재하기 때문이다. 이곳은 밴쿠버 시의 지원을 받은 지역 예술가들이 작은 스튜디오를 얻어 지역기반 활동을 활발하게 전개하여 왔는데, 그 결과 주민이 주체가 되는 축제가 열리고 있다. 시는 이들의 커뮤니티를 해체하지 않을 뿐 아니라 도심 재개발의 또 다른 주체로서 인정하고 있는데 이것이 밴쿠버의 문화유산을 지키는 방법으로 인식되고 있다.

밴쿠버 도심의 다운타운 이스트사이드(DTES)의 전기전차 전봇대에 붙어 있는 벽보. 이 지역은 도심 재개발과 관련된 지역민의 다양한 요구와 실력 행사가 끊이지 않는다. 그러나 밴쿠버 도시 개발 정책에서 바라보는 이들은 철거 대상자가 아니라 커뮤니티의 주체이다. 이들은 자신들의 공동체를 유지하고, 도심 재개발과 어떻게 조화를 이룰지에 대한 논의와 토론을 왕성하게 진행하고 있으며 때로는 시위를 통해 의사를 표현하기도 한다.

ⓒ최혜자, 2012

[그림 3-6] 거리에 붙은 시위 홍보 포스터

사업의 형식

밴쿠버 다운타운 이스트사이드 축제는 연방정부 문화유산부의 '문화 예술 및 역사 유산을 통한 공동체 조성 프로그램'을 지원받고 있는데, 문화유산부는 2007년부터 2010년까지 3년간 2057개의 공동체 기반 지역 축제에 지원을 하였다. 지원 규모는 매우 다양한데 2010년 이 축제는 1만7800달러의 지원을 받았다(같은 해 밴쿠버 한인 커뮤니티 축제는 문화유산부로부터 1만1900달러의 지원을 받았다). 이 축제는 연방정부뿐 아니라 브리티시 콜롬비아 주정부, 밴쿠버 시정부의 지원 그리고 시민들의 자발적인 후원 등으로 열리고 있다. 2012년 9회를 맞은 축제는 주로 10월 말에서 11월 초에 개최되며, 지역의 예술가와 주민들이 만들어가는 축제이다. 때문에 축제의 형식은 커뮤니티 기반 축제이며, 문화 예술을 통한 지역 활성화 축제의 성격을 띠고 있다.

사업의 내용

밴쿠버 다운타운 이스트 지역은 이 축제 외에도 예술가 상주 프로그램의 지원을 받고 있어, 수많은 지역 예술가들이 이미 지역 주민과 결합되어 있는 곳이다. 특히 노숙자들이 기거하는 곳이기 때문에 수많은 자원봉사자들이 다양한 형태로 지역사회에 결합되어 자발적인 지역 조직 활동도 활성화되어 있다. 축제는 주로 지역에 상주하는 예술가들이 다양한 정부의 재정 지원과 종교 및 시민 단체 등의 협력, 자원봉사자들의 도움을 받아 주민들의 활동을 이끌고 있는

데, 축제 기간에는 이들이 직접 지역의 극장, 술집, 거리, 공공 기관 등에서 공연, 작품 전시, 댄스파티, 퍼레이드 등을 개최한다.

사업의 경과 및 결과

이 축제는 주민들의 열정이 높고, 지역사회에 미치는 영향 또한 매우 중요하다. 매년 개최되는 이 축제는 밴쿠버의 독특함을 잘 드러내며, 지역 특성상 사회적 약자들의 삶과 생활이 잘 표현되는 축제로 평가받고 있다. 특히 노숙자나 원주민들의 참여가 높아 문화예술을 통한 지역사회 활성화에 기여하는 축제로 평가받고 있는데, 이 지역을 불결하고 범죄 우려가 높은 지역으로 인식하고 있는 밴쿠버 주민들도 축제 기간에는 적극 참여하고 있어 사회통합에도 큰 기여를 하고 있다.

이 축제는 밴쿠버의 출발이 된 지역 커뮤니티를 중심으로 진행되기 때문에 가장 밴쿠버적인 축제로 인정받고 있으며, 비록 가난한 도심의 생활에 현대의 소외가 묻어있지만 가장 가치 있는 축제로 평가받고 있다. 축제의 모든 문구에는 이 축제가 바로 밴쿠버의 핵심가치라는 의식이 들어있다.

*출처: www.heatofthecityfestival.com

[그림 3-7] 축제 홍보 포스터

다양해서 더 좋은 서레이
(Surrey Appreciates Multi－Ethnicity, SAME)[33]

사업의 배경

브리티시 콜롬비아 주 광역 밴쿠버의 근교 농촌 지역인 서레이 시는 도시와 농촌이 어우러진 곳으로 다양한 인종이 모여 살고 있다.

서레이 시는 브리티시 콜롬비아의 곡창지대로 일부 도시 지역을 제외하고 광활한 농촌 지역이다. 이곳은 농사에 종사하는 인도인들의 이주가 활발한 곳으로 인도인들은 자신들의 전통에 따라 생활하는 경우가 많다. 사진은 전통 터번을 쓰고 헬스장에서 허리펴기 운동 중인 인도인의 모습이다. 일부 이슬람인 주민이 이용하는 수영장은 여성들이 이용하는 시간대와 남성들이 이용하는 시간대를 구분하는 경우도 있다.

[그림 3－8] 서레이 커뮤니티센터 헬스장 모습

이곳에는 인도, 중국, 한국, 필리핀 등 동양계 이주민들이 급격히 유입되었는데, 특히 광범위하게 인도인들의 커뮤니티가 형성되어 북미 대륙의 또 하나의 인도라고 불릴 정도이다. 서레이 시는 인구 구

33) Annual Report on the Operation of the Canadian Multiculturalism Act 2010-2011, 19쪽.
Citizenship and Immigration Canada
(http://www.cic.gc.ca/english/department/media/releases/2010/2010-07-13a.asp)
Surrey Schoolboard
(https://www.surreyschools.ca/departments/SAFE/Programs/SAME/Pages/default.aspx)

성뿐 아니라 이민의 속도 역시 빨라서 광역 밴쿠버 지역 중에서도 이주민의 유입이 가장 많은 지역으로 부상하고 있다.

사업의 형식

서레이 교육청과 사이먼 프레이저 대학교는 연방정부인 시민이민부 다문화 프로그램의 지원을 받아 SAME 프로젝트를 수행하였다. 이 프로젝트의 목적은 초등학교에서 문화 간 이해력을 높이고, 학생들에게 왕따 혹은 폭력의 심각성을 인식하도록 하는 것이다. 서레이 교육청 소속 전 초등학교에서 수행하는 이 프로젝트는 지역 대학과 중고등학교, 학부모가 함께 결합하여 광범위하게 수행되었다.

사업의 내용

초등학생들의 문화 간 이해 능력을 높이고 폭력, 왕따 등에 적극적으로 대처하는 능력을 고양하기 위해 이 프로젝트는 문화 간 이해 능력 배양과 자아 존중감 증진, 문화 감수성 증진, 자기 의사 결정력 강화를 위한 프로그램을 수행하였다. 워크숍, 지역 상급학교 학생과 초등학생의 멘토-멘티 관계 형성, 스포츠 활동, 부모 포럼 개최 등의 방식으로 수행되었는데, 서레이 교육청에서는 문화적·사회적 혹은 가정 기반 프로젝트(cultural, social or family-based project)로 설계하였다는 자부심이 높다. 또한 프로그램의 정교화와 높은 성취를 위해 인근 대학인 사이먼 프레이저 대학교와 결합하였는데 대학교는 프로젝트의 성과를 위해 프로그램 구성과 평가 등에 관여하고 있다.

캐나다의 학교에서는 왕따현상에 대해 매우 심각하고 엄중하게 접근하고 있다. 인종이나 문화, 상호간의 단순한 갈등 등 모든 종류의 불통이 학교 사회에서 왕따로 나타난다고 보고 있기 때문이다. 이 프로그램은 그러한 갈등을 예방하는 훈련으로, 분홍 티셔츠로 상징되는 왕따반대운동(Anti bulling)은 다문화 교육인 동시에 인권교육이고 공동체 훈련이다.

[그림 3-9] SAME 프로젝트 홍보 그림

사업의 경과 및 결과

커뮤니티 프로그램의 특성상 프로그램의 연속성은 매우 중요한 요소이다. 캐나다에서는 프로그램에 대한 평가가 좋으면 지속적으로 지원하고 있다. 예컨대, 첫해에는 1년 계약을 하지만 평가가 긍정적이면 2년, 다시 3년 계약을 하고, 일정한 신뢰가 쌓이면 보통 3년 계약을 한다. 프로그램은 2010년에 시작되어 현재까지 계속 지원되는 프로젝트로 2012년 말까지 2만 2000명이 참여하도록 설계 하였다. 또한 이 프로그램은 학생들의 활발한 활동과 부모 및 상급 학생의 지원 등 긍정적인 방법으로 학생들의 자아존중감과 문화적 이해력, 그리고 민주주의 의식을 높이는 프로그램으로 평가받고 있다. 특히 다문화를 인종이나 민족으로 국한하지 않고 문화 이해 능력과 소통 능력의 증진 즉 문화적 다양성을 공유하는 것이 캐나다식의 문제 의식이다.

문화와 상호 대화 (Culture and Communication Exchange)[34)]

사업의 배경

네이버후드 하우스(neighborhood house)는 우리나라에서 주민자치센터 기능을 하는 커뮤니티센터와는 다른 조직으로, 이민 초기 주민들 스스로 마을 공동체를 만들고 새로운 이주민들을 돕기 위해 만든 자발적인 조직이다. 대개 100년 전후의 역사를 가진 네이버후드 하우스는 지역 유지나 지식인들이 운영 책임을 지고 재정을 부담하는 형식으로 시작되었지만, 현재는 건물 신축이나 확장 혹은 프로그램 운영의 경우 정부 지원과 프로젝트 수주를 통해 운영되고 있다. 네이버후드 하우스에서는 신규 이주민, 사회적 약자, 노인, 어린이 프로그램이 많이 운영되고 있다. 리틀 마운틴 네이버후드 하우스는 밴쿠버 동쪽 지역에 위치한 자치 조직으로 지역 주민들 중에서 사회적·경제적 기부를 할 수 있는 주민들이 커뮤니티의 이사를 맡고 있다.

---

34) 현장 참여 관찰 (일시: 2012년 5-9월 매주 금요일 6:30-8:30/ 장소: little mountain neighborhood house 1층 다목적실)
Little mountain neighborhood house(http://www.lmnhs.bc.ca/community)
Vancouver Schoolboard (http://www.vsb.bc.ca/settlement-workers-schools-swis)

리틀 마운틴 네이버후드 하우스는 밴쿠버의 동부 지역에 위치한 곳으로 주로 중국과 남미 계통의 이주민들이 많이 찾는 곳이다. 이곳은 일상적인 주민 공동체 활동을 하고 있는데, 1년에 한 번 지역의 공원에서 마을 축제를 한다. 보통 주민들이 편안한 차림으로 나와 참여하는 작은 마을 축제이다.

[그림 3-10] 리틀 마운틴 네이버후드 하우스 축제모습

사업의 형식

리틀 마운틴 네이버후드 하우스는 밴쿠버 교육청 정착 지원 서비스 사업(Multicultural Liaison Workers 혹은 Settlement Workers in Schools, SWIS)이 만든 문화와 상호대화 (Culture and Communication Exchange)프로그램의 파트너로서 참여하고 있다. 밴쿠버 교육청이 주정부로부터 지원받은 프로젝트의 파트너로서 리틀 마운틴 네이버후드 하우스가 프로그램을 운영에 참여하는 것이다. 주로 10주 프로그램으로 매주 한 번씩 만나서 진행하는데, 이 프로그램을 통해 네이버후드 하우스에 접근할 기회를 가진 참가자들은 자연스럽게 다른 프로그램에 참여하면서 리틀 마운틴 네이버후드 하우스 커뮤니티의 구성원이 되어간다.

이 프로그램의 대상은 밴쿠버 교육청 소속 초중고에 재학 중인 학생들의 부모이다. 이민 초기에 학생들은 학교생활에 적응하면서 언어 습득이 일취월장하지만, 부모들은 생업으로 인해 문화나 언어 적응이 현격히 떨어진다. 이러한 상황은 이주민 가정의 부모-자녀 관계에 균열을 초래하기도 하는데, 이 프로그램은 그러한 부모들을 돕기 위해 장기 프로그램으로 유지되고 있다.

[그림 3-11] 프로그램 참여자 모습

사업의 내용

프로그램의 초점은 이주민들이 캐나다 사회의 문화를 자연스럽게 배우는 과정이며, 자신들의 문화적 유산을 스스럼없이 드러내는 과정을 통해 언어 습득과 적응을 돕도록 설계되어 있다. 20여 명의 참여자는 프로그램 리더와 보조자 그리고 자원봉사자 등 5~7명의 지원을 받는데, 대개 자연스러운 친구맺기가 된다. 특히 가족 참여가 장려되고, 프로그램을 진행하는 동안 이벤트를 통해 가족들의 접근이 편하도록 유도한다. 또한 프로그램을 진행하는 동안 보육 지원과 저녁식사 나누기, 그리고 버스 티켓이 지원되어 가난한 신규 이주민들이 부담 없이 참여하도록 돕고 있다.

사업의 경과 및 결과

이 프로그램은 작은 비용으로 지속적인 커뮤니티를 형성할 수 있도록 도울 뿐 아니라, 오래된 이주민들이 신규 이주민을 돕도록 설계되어 있어 정적인 유대감이 높다. 특히 프로그램을 진행하는 동안 다양한 지원이 답지하는데, 약자를 위한 극장 무료 초대, 운동 경기장 무료 초대, 밴쿠버 시 견학 등 이주노동자로 살아가기에 급급한 새로운 이주민들의 밴쿠버 적응을 돕는 데 기여한다. 이는 프로그램 코디네이터와 자원봉사자 코디네이터 등 다양한 분야의 전문적인 사회 설계가 작동하기 때문에 가능하다. 프로그램은 2009년부터 2013년 현재까지 운영되고 있다.

제4부

캐나다 다문화주의의 교훈

1. 캐나다 다문화주의에 대한 평가

최근 세계 경제의 불황, 특히 유럽 경제의 끝도 없는 침체는 다문화주의에도 위기가 되었다. 유럽사회에서 때때로 다문화주의는 기존의 이데올로기를 해치는 위험한 사고로 비춰지기도 하고, 크고 작은 기득권을 강탈하려는 음모로 비춰지기도 하였다. 실제로 유럽의 인종혐오 범죄는 그러한 정서에 기초하고 있다. 이와 달리 캐나다 다문화주의는 매우 성공적으로 유지되고 있으며, 다문화주의에 대한 확고한 신념은 다른 나라의 풍랑에도 불구하고 견고하게 지켜지고 있다.

그러나 우리가 주목해야 하는 지점은 캐나다가 다문화주의를 성공적으로 운영하고 있는 유일한 나라라는 점이 아니다. 그것은 다문화주의라는 사회통합과 다양성을 관리하는 캐나다 정책이 성공하였다는 의미로 읽어야 한다. 현대의 모든 사회는 증대되는 다양성으로 인해 사회갈등의 위험 요소를 가지고 있으며, 때문에 이를 어떻게 관리하여 하나의 공동체를 통합해 나갈 것인가의 과제를 가지고 있다. 동시에 어느 사회나 사회적 역동성을 유지할 수 있는 선의의 긴장감을 관리할 수 있다면 사회 발전에 매우 유효하다는 것을 인지하고 있다. 다문화주의는 그 중의 하나이다. 다문화주의에 대해 회의를 가진 사회가 어떠한 대안을 모색할지 여전히 실험단계이지만, 캐나다는 스스로의 대안을 찾아 충실하게 수행하고 있다는 점에 주목할 필요가 있다. 즉 다문화주의 그 자체가 초점이 아니라 사회통합을 위한 사회전반의 노력과 인내 그리고 사회적 합의를 꾸준히 추진하는 과정이 더 중요한 것이다.

캐나다 사회통합 정책으로서의 성공적인 다문화주의는 두 가지 핵심 요인과 깊은 관계가 있다. 하나는 캐나다의 다문화주의가 외적인 환경 요인이나 일시적 필요에 의해 제기된 것이 아니라 권력집단의 필요와 요구에 기초하고 있다는 점이다. 영국계와 프랑스계 이주민 집단이 권력을 함께 나누지 않으면 캐나다라는 공동체가 깨지며, 그것이 양쪽 어디에도 유리하지 않다는 셈법이 1960년대에 이미 나와 있었다. 이것이 연방정부의 정책의지는 물론, 각 주정부나 민족집단의 치열한 참여와 결합되면서 매우 강렬하게 정책화되고 추동력을 획득하였던 것이다. 다른 하나는, 사회 내적인 다원화 요구와 문화적 다양성을 인정하는 정책이 맞물리면서 상대적으로 사회적 관용을 정책화하기 좋은 환경이 다문화주의 정착에 유리하게 작용하였다는 점이다. 사회적 보편 인권을 의미하는 '민권'의 문화적인 언사는 '문화 다양성'이다. 이것이 연방정부의 강력한 리더십으로 다원화, 다양화되는 현대 캐나다의 정신으로 자리 잡게 되고 마침내 캐나다인의 자부심으로 자리하게 된 것이다. 즉 다문화주의가 인종 정책으로만 해석되지 않고, 이 시기에 추진된 복지정책, 성별, 계층별, 지역별 차별을 해소하려는 노력과 만나면서 보다 관대하게 수용되었으며, 다문화적 민주주의 시민가치로 캐나다의 정체성에 큰 영향을 끼쳤다는 의미이다.

이러한 성공요인은 구체적인 과정에 그대로 구현되었다. 연방정부의 강력한 정책관리와 프로그램 개발 그리고 현장 활동이 꾸준히 실천되어 다문화주의 정책은 지난 40년간 편견－구조적 차별－배제－접근의 불평등/문화 충돌의 해소라는 단계별 과제를 설정하고 이를 해결하여 왔다(Kunz, Jean and Sykes, Stuart, 2007: 6). 다문화주의의 소관부처는 연방정부의 시민이민부이지만, 캐나다의 기본 이념이기 때문에 전 정책 영역에서 핵심적으로 구현되고 있는 가치이다. 또한, 캐나다 다문화주의의 기본 근저가 언어정책으로부터 출발하여 개인이나 집단의 정체성에 대한 긍정과 격려가 존재하기 때문에 문화유산부는 여전히 중요한 역할을 하고 있다.

다문화주의 프로그램의 지원 내용도 초기 정착 지원 서비스나 언어 지원 서비스 단계를 커뮤니티 지원 서비스로 끌어올려 사회통합 정책으로서 자리를 잡게 된 것이다. 프로그램을 시행하는 장소 역시 직장과 학교, 동네, 시장, 거리, 미디어 등 모든 곳이 망라되었고, 이러한 소통을 가능하게 하는 모든 장치, 예컨대 언어 지원, 인력지원, 온오프라인 지원 등이 결합되었다. 프로그램의 콘텐츠 역시 세계의 모든 자원을 자유롭게 이용하면서 다양성에 대한 감수성을 높여 나갔는데, 특히 학교 교육과정에서의 콘텐츠 활용은 감수성 증진에 깊은 영향을 끼쳤다. 이러한 정책 수행과 프로그램 시행은 정책과 프로그램 개발은 물론 담론을 연구해 온 학계와 민간 활동의 활성화에 기초하고 있다. 특히 현장 경험을 축적하고 전문성을 쌓은 수준 높은 현장 인력의 양산은 다문화주의 정책과 프로그램의 영역을 확장하는 것은 물론, 반다문화주의자들의 편견과 공격을 해소하거나 약화시켜왔던 것이다.

캐나다의 다문화주의 실험은 여전히 진행형이다. 캐나다가 다양성을 관리하면서도 다양성이 가진 역동성을 국가 공동체 발전과 사회에 어떻게 끌어내는가는 여전히 관심의 대상이 될 것이다. 캐나다에서 다문화주의는 다른 문화와의 평화로운 공존만을 의미하는 것이 아니라, 그 자체가 캐나다인의 세계적인 경쟁력이며 캐나다 사회의 자원이라는 믿음이 있기 때문이다.

2. 한국 사회에서 보기

캐나다 다문화정책의 시사점

사회통합 정책으로서 캐나다의 다문화주의는 캐나다의 역사적·문화적 토양과 사회적 합의의 결과이다. 그동안 우리 사회는 경쟁과 성장을 통한 사회 발전 견인에 집중하였고, 이제 이념, 계층, 성, 특정집단의 다양한 요구와 갈등에 직면하면서 사회구성원이 동의할 수 있는 사회통합 정책이 요구되고 있다. 사회가 한층 다원화되고 다양한 문화가 존재하기 때문이다. 그러나 캐나다의 다문화주의는 참고 사례가 될 수 있지만 그대로 적용할 수 있는 것은 아니다. 우리 사회가 사회통합 정책으로 다문화주의를 받아들인다고 해도 그 내용은 캐나다와는 상이할 수밖에 없다. 캐나다 다문화주의는 우리와는 판이한 토양 속에서 자란 일종의 캐나다 문화의 일부이다. 우선 캐나다는 이민국가로서 인종의 다양성에 관한한 우리 사회와는 비교할 수 없는 다양한 이슈들을 가지고 있다. 또한 캐나다는 전반적으로 민주주의적 인권의식이 높을 뿐 아니라, 경쟁적인 사회 분위기가 만들어내는 삶의 긴장도가 높은 우리 사회와는 판이한 환경을 가지고 있다. 더불어 캐나다 사회 내부에는 다문화주의를 추동할 수 있는 프랑스계 이주민을 비롯한 다양한 민족 집단이 세력화되어 있어 다문화주의를 주장할 주체적 역량이 고양되어 있었다. 때문에 캐나다 다문화주의는 하나의 사례로서 이해되어야 하며, 우리 실정에 맞게 독해되고 재해석되어야 한다.

그렇다고 캐나다 다문화주의가 우리 사회와 전혀 동떨어진 것은 아니다. 우리 사회가 결국 캐나다와 다른 형태의 사회통합 정책을 구축한다고 해도 그 취지는 캐나다가 다문화주의를 제기한 것과 다르지 않을 것이다. 결국 현대사회의 다양성을 하나의 공동체 가치 속에 결합하고 이를 사회발전의 자원이나 동력으로 끌어내려는 목적이 다르지 않기 때문이다. 따라서 그 내용이 어떠하든 어느 정권이나 국민통합을 국가의 중요한 이슈로 제기하고 있는 것이다.

우리나라는 세계 유일의 분단국가로 남북한이 치열한 경쟁 속에서 각각의 체제를 60년 이상 유지하여 왔다. 남북한의 체제 경쟁에서 남한이 절대적 우위를 차지하고 있고 그것이 바뀔 가능성은 거의 없기 때문에, 남북한 통일 이후의 한국 사회를 남한이 주도하게 될 것으로 예측하는 것은 결코 무리가 아니다. 그러나 오랜 분단과 경쟁으로 인해 남북한의 이질적인 문화가 상존하는 상태에서 주도권을 쥐었다고 해서 60년을 이어온 북한 사회의 습성과 문화를 제거하는 것은 불가능하다. 남한 사회가 가진 사회통합의 과제 위에 얹어질 통일 이후 사회통합의 과제는 매우 난해한 문제가 아닐 수 없다. 문화적 차이를 구분하고, 차별이 가해지며 그러한 편견이 사회 내적으로 고착화된다면 사회적 갈등과 충돌은 매우 심각한 수준으로 치달을 수 있기 때문에 이에 대한 대책은 필수적이라고 할 수 있다. 캐나다의 사례는 국가 공동체가 해체 위기에 직면하고, 내부의 다원화가 한층 증대된 것으로부터 찾은 해법이라는 데에 가치가 있으며, 이러한 점에서 우리 사회에 일정한 시사점을 제공하고 있다.

우리는 우선 우리 사회를 구성하는 문화가 단일하다는 신화부터 극복하지 않으면 안 된다. 남북한이 하나라는 이데올로기는 통일을 준비하는 상징적 언사이지 문화가 단일하다는 것이 아님을 분명히 해야 한다. 차이를 인정하는 것이 전제되어야 차이가 차별이나 편견이 되지 않는 방법을 찾는 전제가 마련된다.

두 번째, 문화적 차이가 지위를 만드는 순간 차별과 편견이 발생한다. 때문에 문화적 차이가 문화적 다양성으로 인식하여 '다양성'은 존중받아야 하는 가치라는 전제 속에 보호되어야 한다. 그것은 학교 교육과 미디어를 통한 인식의 전환은 물론 상대적으로 소수 문화 혹은 주변부 문화에 대한 배려를 통해 수용되는 것이다. 정책이 배려를 제도화하는 것은 물론 이것이 일종의 역차별이라는 비판을 받지 않도록 사회구성원을 사회 안전망 속에 위치하도록 설계해야 한다. 사회구성원 대다수가 위기와 절망에 빠져있는데, 사회문화적 약자를 보호하는 정책을 시행한다면 갈등은 보다 증폭될 수밖에 없다. 이것이 왕왕 복지정책에 대한 갈등이나 외국인 혐오 등으로 표출되기 때문이다.

한국식 사회통합 정책이 자리하는 곳이 바로 이 지점일 것이다. 우리 사회의 요구와 합의가 만나는 지점은 한국 사회가 문화적 차이를 어떻게 수용하고 이를 사회발전의 자원이자 동력으로 전환할 것인가를 결정하는 중요한 배경이 되기 때문이다. 그것의 명칭이 캐나다에서 사용하는 다문화주의가 아닐지라도 캐나다가 다문화주의를 제기하고 수용한 것과 일치하는 지점이며, 캐나다 사례에서 배워야 할 교훈이기도 하다.

문화정책과 프로그램의 역할

문화적 코드가 상이할지라도 캐나다 다문화주의 이념과 정책에서 문화정책과 프로그램이 갖는 중요성은 우리 사회에서도 크게 다르지 않다. 사회적 다양성이 한층 증대되고 국제간 교류가 증대되는 현실에서 문화정책은 중요한 역할을 수행해야 하고, 통일 이후의 사회에 기여하는 방향으로 전개되어야 한다. 그러기 위해서는 문화 다양성 정책이 보다 체계적으로 문화정책의 핵심에 자리해야 할 것이다. 우리 사회가 치열한 경쟁과 성장 위주의 가치를 가지고 있기 때문에 문화 다양성 정책은 때때로 사회 전반의 욕망과 상충되는 현상을 빚을 수 있다. 이러한 위험요소와 도전에 대응할 수 있는 장기적이고 체계적인 설계를 통해 사회적 가치로 자리할 수 있도록 정책이 디자인될 때 사회통합과 다양성의 자원화가 가능할 것이다.

무엇보다도 문화 다양성이라는 전반적인 정책 설계 속에 다양한 계층, 즉 빈부, 성, 인종, 성, 연령, 장애 등을 포괄할 수 있어야 한다. 굳이 다문화정책을 인종에 국한하여 사용한다면, 문화 다양성 정책 속에 다문화정책을 이해하고 각각의 정책적 위상에 맞게 디자인

할 필요가 있다. 사회문화적 균형이 견지된 민주주의 시민문화정책과 같은 성격을 가진 문화 다양성 정책 설계는 사회적 배려에 대한 역차별이라는 비판이나 인종 혐오 현상에 대항할 수 있는 방향 설계이기 때문이다. 캐나다의 문화유산부 지원 사업 중에 작은 커뮤니티 축제나 이벤트에 대한 지원은 다양한 문화가 문화적 존재감을 드러내고 스스로 자부심을 갖도록 지지하는 성격의 사업으로, 이는 우리 사회에서도 비교적 꾸준하게 지원되고 있다. 문화 다양성을 지지하고 개별 문화집단의 자부심을 사회적으로 표현하는 장으로 이 사업을 적극 활용하는 것이 중요하다.

두 번째, 문화 다양성에 대한 담론 창출이 요구된다. 우리 사회는 단일민족이라는 신화를 통해 힘든 근현대사를 견디어왔다. 일제 강점기와 분단은 단일민족이라는 신화에 기대지 않으면 안될 만큼 공동체의 존속과 유지에 위협적이었으며, 이를 통해 공동체의 단결과 통일의 염원을 불태울 수 있었다. 그러나 단일민족에 대한 환상과 국론분열에 대한 공포는 다원화된 현대사회의 다양성과 상충되었고, 세계가 '하나의 지구촌'이라는 세계시민의 가치를 만들어가는 현실에 부응하기 어려운 측면이 존재한다. 따라서 현대 한국 사회의 공동체적 가치와 문화 다양성을 어떻게 이해할 것인가에 대한 담론 생산은 매우 중요한 과제가 되고 있다. 최소한 문화정책 속에서 문화 다양성이라는 가치를 우리 사회 속에 어떻게 공유할 것인가에 대한 담론이 요구된다. 캐나다에서는 시민이민부가 '메트로폴리스 프로젝트'를 통해 조사와 연구 사업을 지원하고 이를 사회적으로 공유하는 작업을 수행해왔다. 물론 우리 사회에서도 새로운 정책이 제기되었을 때, 연구과 프로그램 개발 사업을 추진하는 사례가 있지만, 보다 장기적인 계획 속에 담론 생산과 성장 및 공유, 확산 과정을 만들어 가는 것이 필요하다.

세 번째, 문화 다양성 가치를 선도하는 문화정책의 리더십이 요구된다. 2001년 유네스코 세계문화다양성선언(UNESCO Universal Declaration on Cultural Diversity)에 의하면, 문화는 예술 및 문학 형식뿐 아니라 생활양식, 함께 사는 방식, 가치 체계, 전통과 신념을 포함한 것으로 정체성, 사회단결 및 지식기반 경제 발전의 핵심이라고 규정된다. 또한 문화 다양성에 대한 존중이 개인과 사회 그리고 국제 사회에 기여하는 것이라고 규정하고 있다. 다양한 문화를 가진 개인들은 자신들의 정체성을 지지받고, 다양성을 사회발전의 자원으로 삼게 되며, 국제사회의 평화에 기여한다는 것이다. 이러한 유네스코 정신은 매우 중요한 현대적 가치를 제시하고 있다. 우리의 문화정책도 경쟁과 성장의 가치 속에 한층 가열되는 우리 사회의 에너지를 다양하게 전환할 수 있는 가치 확산에 노력할 필요가 있으며, 문화적 다양성에 대한 리더십을 정책 전 영역에 확산하는 것 또한 중요하다. 캐나다 시민이민부가 다문화주의 가치를 정책 전 영역에 반영하기 위해 다른 연방부서나 주정부와의 협력을 강화한 것처럼, 우리나라 문화부도 이러한 리더십을 확보하기 위해 노력할 필요가 있다. 위의 담론 창출과정과 일정하게 궤를 같이하면서 각 부처와 단위 공무원 연수과정에 프로그램화하거나 각 부처와의 정책사업 연구를 통해 협력 가능한 프로젝트 개발 등을 시도하는 것이 리더십을 구축하는 데 도움이 될 것이다.

네 번째, 사회 인식의 확대에 가장 중요한 지점은 역시 학교와 미디어의 역할이다. 학교는 문화적 다양성을 배우고 훈련하는 가장 빠르고 중요한 장소이기도 하지만, 다름을 수용하는 과정 자체가 현대 사회의 인성 프로그램의 중요한 내용이다. 어린 시절 문화 다양성을 이해하고 체득하는 것이 문화적 감수성과 민주시민으로서의 자질을 함양하는 데 중요한 토대가 되는 것이다. 특히 수년 전부터 문제가 되어 온 학교 내 왕따현상이 점점 심각해지고 있는 이때, 문화 다양성 프로그램은 왕따 해소 프로젝트로서도 대대적으로 진행될 필요가 있다. 미디어 역시 매우 중요한 인식 확장의 장이다. 정치적 견해가 다른 집단, 소득의 차이가 있는 사회, 성원 간의 갈등이 있는 가족, 계층적 요구들이 충돌하는 현장 역시 문화의 다양성과 다양성이 공존하는 원리가 관철되어야 할 곳이다. 때문에 문화적 수용, 공존 방식과 과정을 배우고 체득할 수 있는 다양한 프로그램 개발이 필요하며 이것이 정책적인 협력 속에 진행되어야 한다. 또한 민간단체와의 협력으로 문화 다양성 코드가 미디어 속에 실현될 수 있도록 모니터링 프로젝트 등의 활성화를 독려할 필요가 있다.

다섯째, 학교, 직장, 문화 공간 혹은 지역사회 등에서 실행할 수 있는 지원 프로그램의 개발이 필요하다. 이주민을 위한 다문화 프로그램의 핵심은 그들의 정체성을 지지하고 스스로 사회에 발을 설고 소통하게 하는 것이다. 그러나 문화 다양성 프로그램의 핵심은 차이가 있는 문화를 가진 집단 간의 경계를 허무는 것으로, 문화 간의 차이를 인식하고 차이를 수용하며 다양한 문화를 가진 집단으로서 공동체를 인식하는 것이다. 이는 결국 다양한 층위의 문화 간 소통(intercultural communication)을 의미한다. 더 나아가 다양한 문화 간의 충돌과 대립으로 만들어진 벽까지도 인정하며 일정한 거리를 두고 상호간의 공간을 존중하는 것까지도 포함하는 것이다. 물론 다른 방식 혹은 일정한 시간이 경과한 후에 재소통을 시도할 수 있다. 이주민을 겨냥한 다문화 프로그램을 포함한 문화 다양성 프로그램은 다양한 방식으로 개발되고 추진될 수 있도록 정책적 틀이 제공되어야 한다.

나얀 찬다 저, 유인선 역(2007). 세계화, 전 지구적 통합의 역사. 모티브북.

마르코 마르티니엘로 저, 윤진 역(2008). 현대사회와 다문화주의. 한울.

문영석(2005). 캐나다 이민정책에 대한 분석과 전망. 국제·지역연구, 14권 1호.

미셸 푸코 저, 이규현 역(2003). 광기의 역사. 나남.

바트 무어-길버트 저, 이경원 역(2001). 탈식민주의! 저항에서 유희로. 한길사.

박종성(2006). 탈식민주의에 대한 성찰-푸코, 파농, 사이드, 바바, 스피박. 살림출판사.

박진경(2012). 다문화주의와 거버넌스 사회통합 전략: 캐나다 경험과 한국적 모형 모색. 한국정책과학학회보, 제16권 제1호.

자크 데리다 저, 남수인 역(2004). 환대에 대하여. 동문선.

정정숙 외(2012). 남북 문화공동체 형성을 위한 사회통합 해외사례 연구: 미주지역. 한국문화관광정책연구원.

정치학대사전편찬위원회(2002). 21세기정치학대사전. 아카데미리서치.

최순영(2012). 캐나다 다문화정책(Multiculturalism Policy) 연구. 사회통합 해외사례 연구를 위한 자문회의자료. 문화관광정책연구원.

최재인(2009). 미국 다문화주의의 역사적 배경. e-Journal Homo Migrants, Vol. 1, 75-96.

한국사사전편찬회(1995). 한국고중세사사전: 구석기시대-1860년. 가람기획.

______(2012b). World Press Freedom Index 2011-2012. Reporters Without Borders.

Castles and Miller(1998). The Age of Migration(2nd edition). Palgrave Macmillan.

Christopher G. Anderson(2011). Immigration, Immigrants, and the Rights of Canadian Citizens in Historical Perspective. International Journal of Canadian Studies. vol. 43, 207－219.

Department of Canadian Heritage(2012b). CANADIAN HERITAGE 2012－13.

Department of Citizenship and Immigration Canada(2011e). Annual Report on the Operation of the Canadian Multiculturalism Act 2010－2011.

Department of Citizenship and Immigration Canada(2012a). Annual Report on the Operation of the Canadian Multiculturalism Act 2011－2012.

Department of Citizenship and Immigration Canada(2013). Annual Report on the Operation of the Canadian Multiculturalism Act 2011－2012.

Edward Koning and Keith Banting(2011). The Canadian Model of Immigration and Welfare. Velferd og migrasjon Den norske modellens framtid.

Fleras, A. and Kunz, Jean(2001). Media and Minorities: representing diversity in Multicultural Canada.

Geoffrey Brahm Levey(2012). Interculturalism vs. Multiculturalism: A Distinction without a Difference?. Journal of Intercultural Studies. Vol. 33, No. 2, 217－224.

Irene Bloemraad(2006). Becoming a Citizen. University of California Press.

Jean Lock Kunz and Stuart Sykes(2007). From Mosaic to harmony: Multicultural Canada in the 21st Century. Policy Horizons Canada.

John W. Berry(2011). Integration and Multiculturalism: Ways towards Social Solidarity. Papers on Social Representations. Volume 20.

Ministry of Community, Sport and Cultural Development, British Columbia(2011d). 2011/12 Annual Service Plan Report.

Ministry of Multiculturalism, British Columbia(2011b). 2010/11 Report on Multiculturalism.

Ministry of Tourism and Culture, Ontriao(2011c). Results-based Plan Briefing Book 2011-12.

Nasar Meer & Tariq Modood(2012). How does Interculturalism Contrast with Multiculturalism? Journal of Intercultural Studies. Vol. 33, No. 2, 175-196.

Paloma Bourgonje(2010). Education for refugee and asylum seeking children in OECD countries. Education International.

Reva Joshee and Lauri Johnson(2007). Multicultural Education Policies in Canada and the united States. UBC press.

Ricardo Hausmann, Laura D. Tyson, Saadia Zahidi(2012a). The Global Gender Gap Report. World economic forum.

Stuart Soroka and Sarah Roberton(2012). A literature review of Public Opinion Research on Canadian attitudes towards multiculturalism and immigration, 2006-2009.

Susan Moller Okin(1999). Is Multiculturalism Bad for Women? Princeton University Press(Kindle Edition).

The Environics Institute.(2010). Focus Canada 2010: Public opinion research on the record.

The Environics Institute.(2011a). Focus Canada 2011: Public opinion research on the record.

Will Kimlicka(2012). Multiculturalism: Success, Failure, and the Future. Migration Policy Institute.

웹사이트

https://www.cia.gov/library/publications/the-world-factbook/index.html

http://data.worldbank.org/indicator/

http://www.heritage.org/index/ranking

http://www.canada.gc.ca/home.html
http://www.parl.gc.ca/Default.aspx?Language=E
http://www.cic.gc.ca/english/
http://www.statcan.gc.ca/start-debut-eng.html
http://www.pch.gc.ca/eng/1266037002102/1265993639778
http://www.justice.gc.ca/eng/index.html
http://www.canadacouncil.ca/home-e.htm
http://www.ontario.ca/en/residents/index.htm
http://www.arts.on.ca/site4.aspx
http://vancouver.ca/default.aspx
http://www2.gov.bc.ca/
http://www.embracebc.ca/embracebc/index.page?
http://vancouver.ca/
http://www.vsb.bc.ca/
http://www.cbclearning.ca/
http://www.craigmarlatt.com/canada/index.html#home
http://www.thecanadianencyclopedia.com/index.cfm?PgNm=HomePage&Params=A1
http://www.theglobeandmail.com/
http://www.heartofthecityfestival.com/
https://www.surreyschools.ca/departments/SAFE/Pages/default.aspx
http://www.lmnhs.bc.ca/home

찾아보기

저자소개

최 혜 자(崔 惠 子)

약력

성균관대학교 역사교육학과 졸업
중앙대학교 예술대학원 예술경영석사
성균관대학교 일반대학원 비교문화박사과정 수료
(사)한국문화정책연구소 기획실장
군포문화센터 관장
디딤돌 문화원 사무총장
브리티시콜롬비아대학교 문화 간 소통연구소 연구원
성공회대학교 문화대학원 외래교수
네이버 인문, 사회, 시사 분야 파워 블로그 - 블로그명 "삶의 발견"

논문

〈허버트 리드의 예술을 통한 교육비판〉 등 다수

캐나다 다문화주의 이해하기

2013년 8월 5일 1판 1쇄 인쇄
2013년 8월 10일 1판 1쇄 발행

지은이 최혜자
펴낸이 조재성
펴낸곳 서현사
410-817 경기도 고양시 일산동구 중앙로 1055번지 레이크하임 206호
(경기도 고양시 일산동구 백석2동 1332-1번지 레이크하임 206호)
전화 031-919-6643 팩스 031-912-6643
등 록 2002년 8월 14일 제03-01392호

ISBN 978-89-94044-53-8 93370
정 가 12,000원